사람과 사람
사람과 자연 사이를 잇는 작은 點

도서출판 그물코

백성백작

농부는 백가지 일을 하고 백가지 작물을 기른다

백성백작

농부는 백가지 일을 하고 백가지 작물을 기른다

후루노 다카오 지음 · 홍순명 옮김

그물코

차례

옮긴이 글 8

1부 백성백작, 생명의 접촉

햇볕 | 생명의 맛 14
벌꿀 | 이 시기밖에 맛볼 수 없는 사치 16
딸기 | 모부터 농약을 쓰지 않는다 18
알 낳는 봄 | 산란율 크게 늘다 20
골고루 심기 | 농사의 본질은 다양성 22
대나무 | 녹색을 지킨다 24
농활 | 소비자와 고락을 같이 하기 26
오리전선 | 열도를 북상하는 햇오리 넣기 28
아시아로 | 오리가 노는 논 견학 30
타이완 오리농사 사정 | 대부분 일본으로 수출 32
중국의 농촌 | 농사의 원점을 보는 생각 34
천리동풍(千里同風) | 동시에 자라는 오리와 벼 36
앞선 이들에게 배운다 | 좋은 결과를 낳는 돌려짓기 38
일조만보(一鳥萬寶) | 해충도 양분이 된다 40
여름 채소 | 밭에서 먹는 싱싱한 맛 42
잡풀 퇴치 | 오리에게 맡기세요 44
심리적 울타리 | 들개 격퇴에 전기 충격 46
귀뚜라미 | 배추 모 정식으로 피해를 막다 48

오리의 운명 | 먹이로 제공되어 인간의 생명으로 50
농업고등학교 학생 | 오리농사에 관심 52
전통 하이테크 | 해충 '요격'의 고도 기술 54
유기농업 | 기술 아직 확립 안 되다 56
채소는 어린 대나무 빛 | 벌레들과도 사이좋게 58
초겨울 | 더 좋아지는 채소 맛 60
오리 요리 | 느끼하지 않은 절품 62
흙과 토지 | 하루아침에 만들 수 없다 64
쌀 시장 개방 | 자급이야말로 바른 길 66
바람 차다 | 쇠퇴로 이끌 쌀 개국 68
일한다는 것 | 일 자체를 목적으로 70
따뜻한 겨울 | 무엇이 일어날지 몰라 72
좌선 | 병든 마음 맑아지는 느낌 74
산에서 하는 일 | 종합판단을 하게 되는 간벌 76
보리농사 | 좋은 퇴비로 제 맛 내기 78
감자 심기 | 튼튼한 싹 틔우기 80
재미있는 농부 공화국 | 즐거운 세상 만들기 운동 82
농민관 | 농업을 얘기하는 거점 84
고구마 | 두 세대가 일로 마음을 잇다 86
유기농업은 긴 눈으로 90

2부 오리 친구, 세계를 날다

생명, 접촉하면 보인다 96

보리를 심다 99

겨울 채소들 102

타이완 105

직판한다는 것 108

포도나무 아래에서 111

오리 친구, 스위스로 날다 114

오리와 퍼머컬쳐의 만남 118

논두렁에 무화과 122

맛있는 배추의 종다리꽃 125

왜 잡풀은 자라는가? 128

타이완 다시 방문 130

시음회 134

오리 친구의 새로운 도전 137

오리 친구 대성공 140

어려운 때가 기회입니다 144

술은 차고, 토마토는 노지가 좋다 148

논 고기를 잡던 그리운 시절 152

자극 효과, 생명의 어울림 156

오리 친구, 실크로드를 날다 158

달빛 아래 가족이 일하다 164

멸구 습격 166

마을 축제 169

지구 온난화와 해충 172

슬로우 피쉬 176

겨울의 베트남 마을 180

오리 친구, 오스트레일리아를 날다 185

벚꽃 피는 계절에 188

옮긴이 글

'백성(百姓)입니다'

이 책을 쓴 후루노씨 명함에는 보통 직함을 쓰는 곳에 '백성' 두 글자만 쓰여 있다. 공식 석상에서 자신을 소개할 때도 위와 같이만 말한다.

이 글들은 2004년부터 2006년까지 마이니치신문에 쓴 칼럼과 1993년부터 1995년까지 매주 일요일에 '백성백작'이란 제목으로 아사히신문 치쿠호 판에 연재한 글이다. 백성백작(百姓百作)이 무슨 뜻인지 홈페이지에 자신이 쓴 말을 들어 보자.

> 나는 27년 동안 후쿠오카현 가호군의 주메이란 마을에서 농사를 짓습니다. 논밭 돌려짓기로 논밭에서 벼와 토마토, 가지, 호박, 오쿠라, 수박, 오이, 고구마, 강낭콩, 상추, 우엉 등 골고루 심습니다. 산에서 닭도 기릅니다. 논에는 미꾸리도 기릅니다. 닭집, 창고, 퇴비장… 모두 손수 짓습니다. 백가지 일을 하니까 백성이라고 합니다. 산에서 나무 베는 일도 합니다. 무엇이든지 하니까 백작이라 합니다. 창의 연구의 세계, 그것이 백성백작입니다.

주메이에 있는 그의 집에는 부인 구미코와 다섯 아이들을 중심으로 온 가족이 완전 무농약 유기농업을 하고 있다. 논 9,600평

(3.2헥터) 채소밭 3,000평 기타(콩, 메밀, 팥…) 240평 합계 15,000평(5헥터)을 짓고 있다. 또 200마리의 닭을 길러 달걀과 고기를 생산하고 있다.

그런 농사를 유기농업으로 지으니, 그의 일과는 정말 바쁘다. 어느 해 예를 든 것을 보면, 날마다 채소 배달을 포함하여 하루 10~12시간을 일하는 셈이 된다고 한다. 차라리 강연이나 조사, 여행이 그나마 휴일의 대용이라고 하니 농사에 모든 것을 건 농민의 모습이다.

그렇게 힘들고, 그렇다고 다 아는 대로 돈도 벌지 못하는 농사, 그것도 유기농업을 왜 짓는가? 본문에서 본인은 말한다.

> **농업이 좋은 점은 그 총합체 때문이다. 하는 방식에 따라서 일과 여가=놀이가 창조적으로 통일되는 점에 있다고 생각한다. 일은 수단이고 여가와 소비야말로 즐거운 인생의 목적이라고 생각하는 풍조가 있다. 그러나 즐거움을 일속에 추구하면 어떨까? 일 자체가 목적이 될 것이다.**

농사의 근본을 돈이나 기술이 아니라, 일과 놀이의 창조적 통

일에서 찾는다는 것이다. 그런 농업이 최근 농약이나 화학비료, 제초제를 쓰고 제철을 무시하여 수량을 올리려고 무리하게 하우스 같은 데서 밀식과 이어짓기를 하니까 병이나 충해가 크게 발생한다.

'자연계, 생명계에는 모든 것을 살리려하는 우주적인 움직임이 있고, 병이나 해충은 우리인간에게 흙 만들기나 재배 방법과 시기가 자연계의 법칙에 비추어 잘못되고 있다'고 후루노씨는 말한다. 유기농업을 하고 오리농업을 시작하고 지금도 꾸준히 일하고 연구하고 '즐기는' 것은 그런, '모든 것을 살리려는 우주적인 움직임에 따르'는 일인 것이다.

이번에 한국에서 열리는 '제5회 아시아 오리대회'를 계기로 출판되는 『오리농법-농사를 재미있게 짓는 총합기술』이 농사 기술을 주로 다룬 것이라면, 이 책은 지은이가 고향의 논밭에서 농사를 지으며 생각하고 느낀 수필 같은 글들을 모은 것이다. 군더더기 없는 간결한 글에는 논밭에서 일하며 느끼는 고향에 대한 사랑, 철 따라 변하는 자연에 대한 몰입, 일상적 농업에 대한 충실과 철저한 실험 정신, 농업 현실에 대한 감상, 농업에 긍지를 느끼는 마음, 세계화에 대한 걱정이 절절히 담겨있다.

『오리농법』처럼 이 책도 글 뒤에 센류(川流)를 한 수씩 썼다. 센류는 일본의 서민용 짧은 시로 5,7,5의 3구 1음으로 되어있다. 한글로 옮기면 의미만 전달할 뿐 제 느낌이 나지 않을 테지만, 바쁜 농사를 지으며 그런 단시를 쓰는 풍류가 돋보인다.

그는 논두렁에서 논을 보며 싯귀를 얻고, 마을 절에 가서 무아 속에 떠오르는 생각을 다듬는 듯하다. 진리는 단순한데 있다고 생태원칙에 비추어 관행 농사방법을 단순하게 뜯어 맞춘다. 혼자서는 생각하지만 여럿하고는 대화하면서 자연의 리듬에 따라 일한다. 그는 일할 줄 모르면 놀 줄(여가)도 모른다고 말한다. 일하면서 주위의 자연을 아름답게 바라보는 감성이 있다. 그리고 모든 바탕에 생명의 만남, 접촉, 어울림을 말한다. 그의 글에서 그런 대지에 선 백성의 모습이 보인다.

후루노씨는 일본에서 단행본으로 나오기 전에, 이번 '제5회 아시아 오리대회'에 맞춰 글의 출간을 쾌히 허락해주셨다. 김수진씨가 원고 입력과 편집에 많은 수고를 하였고, 그물코출판사 장은성 사장이 손익을 계산 않고 책을 만들어 빛을 보게 되었다. 감사드린다.

2006년 7월
홍순명

1부

백성백작, 생명의 접촉

내 유기농업의 목적은 단순하다.
우리 집 가족에게 안전하고 맛있는 완전 무농약 작물을 먹이기 위하여
조상에게 물려받은 논밭 살림을 충분히 활용해
가능한 한 자급하는 일이다.

거기서 수확한 것을 우리 집에서 먹듯이 소비자들도 먹도록 한다.
집에서 먹는 것과 판매하는 농산물의 구별이 전혀 없다.
마치 우리 집 경지면적의 백 수십 분의 일의 가정 텃밭을 소비자가 갖고,
무농약의 제철 채소를 자급하는 것과 마찬가지다.

설령 경제적 풍요로움과 같은 것은 아닐지라도
유기농업의 본질은 거기에 있다고 생각한다.

햇볕 생명의 맛

 봄에 앞서 일제히 피는 겨울 채소인 황색의 유채꽃에도 눈이 쌓여 더 추워 보인다. 2월은 겨울과 봄이 동거하는 계절로 채소의 춘궁기(春窮期)이기도 하다.
 배추는 12월께 크고 굳게 속이 앉는데 비해 요즘 것은 잎이 딱 퍼져서 빈약해 보인다. 그러나 잎은 태양 빛을 충분히 받아 실제로 먹어보면 믿을 수 없을 만큼 맛이 있다.

 식물의 잎은 태양의 빛을 받게끔 되어 있다. 그런 의미에서는 속이 앉은 배추 쪽이 본래의 모습이라 할 수 없다.
 시금치도 연둣빛을 띠고, 잎 끝이 조금 갈색이 되어있다. 데쳐서 먹어보면 뿌리도 잎도 달아 맛이 각별하다.
 잎이 땅바닥에 기는 당근도 입안에서 녹듯이 부드럽고 달다. 추위를 견뎌냈기 때문일 것이다.

 월동한 채소를 거두어보면 잎 사이에 여러 벌레들이 숨어있다. 검은줄흰나비, 방귀벌레, 진디, 달팽이…. 올해는 겨울이 따듯해 많은 벌레가 살아남은 것 같다.

그런데 저 끈적이는 달팽이는 맥주를 그리 좋아한다고 한다. 달팽이가 너무 생겨 곤란할 때 땅을 얇게 파서 마시다 남은 맥주를 가득 담은 비닐백이나 컵을 묻어둔다. 그러면 향기에 끌려 마시다가 취해버린다. 맥주 연못 속에서 만족스러운 일생을 마친다.

나는 풍요로움에 취해 지구를 자기들이 적응할 수 없는 환경으로 만들고 있는 인간의 모습을 술에 취한 달팽이에서 보는 것 같다.

봄은 좋다
겨울도 또한 좋다
아쉬운 눈

벌꿀 이 시기밖에 맛볼 수 없는 사치

봄, 맑게 갠 날. 벌꿀들이 기다렸다는 듯이 벌통을 날아 나오고 있다. 그녀들은 채소밭의 배추, 무, 순무의 꽃, 엔가천의 강둑에 핀 유채꽃에서 꿀이나 꽃가루를 모으고 있다.

벌통을 놓은 지 십수 년. 농사 일이 바빠 제때 손질을 못해 실패의 연속이었다. 그래도 싫증내지 않고 계속 놓았다. 즐겁기 때문이다. 4월이 되면 벌꿀을 딴다. 벌집에서 흐르는 꿀은 황금색으로 빛나고 향과 맛은 정말 좋다.

벌꿀이 가득 든 벌집을 일부 칼로 잘라 아이들에게 만족할 때까지 먹게 한다. 벌집까지 씹어 먹게 하는 벌꿀의 맛은 또 최고. 이 시기 밖에 맛볼 수 없는 사치다.

돈을 경유하지 않는 백성의 풍요함의 원점이 여기 있다고 생각한다. 이제부터 5월 상순에 걸쳐 들판에는 꽃으로 뒤덮인다. 자두나 복숭아, 그리고 유채꽃이 차례로 핀다. 꽃이 벌꿀을 내는 상태를 유밀(流蜜)이라 하고 그 절정을 유밀기라 한다.

그런데 벌꿀이 꿀이나 꽃가루를 모을 때 일정기간 같은 종류의 꽃으로만 다니는 습성이 있다. 예를 들면 유채꽃을 다니는 꿀벌은 바로 옆에 다른 꽃이 가득 피어 있어도 거들떠보지도 않는다. 그래서 유채 꿀이라든가 아카시아 꿀이라는 표시가 가능한 것이다.

내가 어렸을 적 우리 마을의 봄은 노랑 유채꽃, 붉은 자주색 자운영, 파란 보리가 모자이크 모양으로 묻혀있었다. 나는 날마다 해가 질 때까지 자운영 밭에서 새끼 염소와 놀았다. 지금은 유채나 보리농사를 짓는 농부는 없다. 경지정리로 물 빠짐이 나빠 자운영이 숫제 나지 않는 논도 많다.

그래도 벌꿀만은 부지런히 꿀을 모으고 있다.

논쟁에 지친 나에게 불어오는 봄바람

딸기 모부터 농약을 쓰지 않는다

 벚꽃은 만개, 산과 들이 일제히 화사해지는 봄. 천지가 약동하는 계절과 함께 자연의 리듬을 바탕으로 하는 유기농업도 바빠지고 있다. 토마토나 가지, 피망, 양배추, 상추 등 여름채소의 씨뿌림, 가식, 감자, 양파의 손질, 오리도 본격적으로 알을 낳기 시작한다.

 우리 집 봄채소의 상징은 누가 뭐래도 다섯 아이들이 좋아하는 딸기다. 딸기 재배는 처음 이 지방에서는 어디서나 벼 수확이 끝난 논에 그루갈이로 간단한 비닐터널을 치고 '보교(寶交)'라는 품종을 심어 4~5월에 수확하는 방식이었다.

 그 뒤 고도경제성장에 발을 맞추어 딸기 재배의 설비나 면적은 대형화하였다. 저장성이 좋고 신 맛이 적은 '도요노카'를 대형 하우스에 심고 10월쯤부터 수확하는 방식이 일반화되었다. 그루갈이는 자취를 감추었다.

봄의 수확이 겨울을 건너 가을에 수확하게 되니 놀랍다. 이것도 또한 '먹을거리의 풍부함'의 하나인가.

내가 있는 곳에서는 예전 방식으로 단 맛과 신 맛이 섞인 '보교'를 재배하고 있다. 모가 자랄 때부터 일체 농약을 쓰지 않는 완전무농약으로는 이 방식이 가장 제격이다.

현재, 채소나 달걀을 배달하는 백 수십 세대 소비자의 태반은 3월 하순에 무농약 딸기를 배달할 때까지 시판 딸기를 사지 않고 기다리고 있다.

좋은 것을 좋은 만큼, 좋은 때에 살 수 있는 현대의 풍요로움 속에서 기다림 그 자체를 잊어가는 것이 아닐까?

> 딸기를 먹는 아이들의 얼굴에
> 가득한 웃음,
> **봄바람**

알 낳는 봄 산란율 크게 늘다

 겨울날은 짧아 산란율이 떨어졌던 우리 집 닭들도 봄이 가까워지면서 제법 알을 낳기 시작하였다.
 아이들은 바구니에 알을 가득 모으고, '아빠, 오늘도 알을 이렇게 많이 낳았네' 라면서 기뻐한다.

 맏이가 태어난 것을 계기로 닭을 치기로 하였다. 우리 아이에게 집에서 낳은 좋은 알을 먹이고 싶은 생각에서였다.
 그 뒤 십년 이상 지났지만, 이제까지 2백 마리 가까운 닭을 대지 위에서 길러 채소와 함께 달걀을 소비자에게 배달하고 있다.
 기르기 전 우리 집에서는 알을 시장에서 사먹었는데 그 양이 적지 않았다. 춥고 날이 짧은 겨울이나 무더운 여름, 닭은 알을 조금밖에 낳지 않는다. 적어지면 집집에 배달하는 개수도 우리 집에서 먹는 양도 줄어든다. 봄이 되자 자연히 이제 늘어난다. 즉 닭의 형편에 따라 알의 소비가 조절된다.

사먹던 시절에는 '알은 몸에 좋으니까 하루에 하나씩 먹읍시다'라면서 계절에 관계없이 기계적으로 먹고 결과적으로 소비도 많았다.

내가 어린 시절, 날계란 하나에 간장을 쳐서 섞은 다음 형제 두 셋이 나누어 먹었다. 그 무렵 그런 풍경은 드물지 않았다.

지금은 달걀 값이 싸서 알 두개를 깨서 흰자위는 버리고 노랑자위만 먹이는 집도 있다고 한다. 그 결과가 어린이의 성인병, 비만이다.

물질이 풍요롭다는 것은 대체 무엇을 뜻하는 것일까?

오믈렛이 맛있는 아침
봄은 가깝다.

골고루 심기 농사의 본질은 다양성

4월의 논에 자운영꽃이 피기 시작하였다. 벌들이 꽃가루나 꿀을 모으고 있다.

'백성백작(百姓百作)'이라는 제목대로 나는 갖가지 작물을 기르고 있다. 지금 모를 기르는 여름 채소 이름을 들면 토마토, 가지, 피망, 멜론, 수박, 호박, 강낭콩, 옥수수, 오쿠라, 오이, 고구마, 파, 양배추, 상추, 생강…. 이루 다 헤아릴 수 없다.

내 유기농업의 목적은 단순하다. 우리 집 가족에게 안전하고 맛있는 완전무농약 작물을 먹이기 위하여 조상에게 물려받은 논밭 산림을 충분히 활용해 가능한 한 자급하는 일이다.

거기서 수확한 것을 우리 집에서 먹듯이 소비자들도 먹도록 한다. 자가소비와 판매하는 농산물의 구별이 전혀 없다.

마치 우리 집 경지면적의 백 수십 분의 일의 가정 텃밭을 소비자가 갖고, 무농약의 제철 채소를 자급하는 것과 마찬가지다.

세상의 농가에서는 일모작이나 이모작으로 쌀이나 딸기 또는 토마토나 장미, 또는 낙농이나 양계 등으로 분업, 전업화되고 있다. 그리고 그 목적도 자급이 아니라 판매용이다.

나는 백성이란 백 가지 일을 할 수 있는 사람이라고 내식대로 해석하고 있다. 백성백작, 백성백직(百姓百職), 일촌백품(一村百品). 이 다양성 속에 농업의 본질이 있다고 생각한다. 설령 경제적 풍요로움과 같은 것은 아닐지라도….

아이들과 뿌린
토마토의 싹잎
그 속에 생명 있네

대나무 녹색을 지킨다

 개인 날, 일을 하면서 바라보는 산의 신록이 산뜻하다. 한 마디로 신록이라 해도 잘 보면 녹색의 옅고 짙음, 빛의 조화가 실로 다채로워 아무리 보아도 질리지 않는다.

 아이들을 죽순 캐는 데 데리고 갔다. 아이들은 눈높이가 낮아서일까, 죽순을 정말 잘 발견한다. 흙 표면에 낙엽을 뾰죽이 치밀어 올리는 죽순을 차례차례 발견하면서 좋아라 날뛰고 있다. 죽순 찾기에 싫증이 나면 나무를 오르거나 언덕에서 미끄럼을 탄다. 뒷산은 아이들의 천국이다. 부모들이 일하는 옆에서 놀고 있다. 농사를 지어서 좋았다고 생각하는 풍경의 하나다.

 대나무숲에 서서 조용히 생각하면 현재 우리나라에서는 대나무를 거의 이용하지 않는 것을 깨닫게 된다. 우리 지역 맹종죽의 유일한 이용법은 죽순으로 식탁에 올리는 것뿐이다.

발명왕 에디슨은 대나무를 탄소로 하여 백열전구를 만들었다. 어떤 책에는 '대나무는 1,400 종류로 이용할 수 있다'고 기록되어 있다.

생태계 황폐가 문제가 되는 현재 우리나라에서 '녹색을 지키는 것'은 단지 자연보호만이 아니라, 나무나 대를 실생활 중에 다양하게 활용하는 시스템을 만드는 데 있을 것이다. 삼림도 죽림도 잘 이용하는 것이 지키는 것이다. 이용하지 않으면 간벌 등 손질을 하지 않아, 황폐하게 될 것이다.

소비자를 뒷산의 죽순 캐는 데 안내하면 모두 '부럽군요' 라고 말한다. 그 말이 맞다. '부럽다'의 어원은 '우라야마(뒷산)'에 유래하고 있다. '부럽다(우라야마시)'는 말이 제 어원으로 돌아올 때 지구는 조금 기운이 날 것이다.

봄 논에서 빛나 보이는
뒷산 대나무숲

농활 소비자와 고락을 같이 하기

전날 채소를 배달하는 시내 소비자가 원농(援農, 한국의 농활 _옮긴이)을 나왔다. 모두 감자밭 김매기, 고랑 북주기, 마와 생강을 심었다. 괭이로 북을 주거나 도랑을 파는 힘든 일에 익숙하지 않은 소비자에게는 꽤 고된 일이었던가 보다.

신경이 쓰여 뒷날 배달 나갈 때에 물어보았더니, '조금 등이 아팠지만 날마다 배달되는 채소가 실제로 어떻게 만들어지는지 알게 되어 공부가 되었다. 날씨도 좋았고 즐거웠다'고 말하였다.
직거래하는 소비자에게 채소의 원농은 자유참가. 쌀은 여름에 두 번, 김을 매 주는 것을 원칙으로 하고 있다.

원농의 목적은 소비자가 우리 집 논밭의 흙이나 작물, 우리 가족과 만나고 인연을 갖는 직접체험을 통하여 자기들의 먹을거리가 어떻게 만들어지는지 이해하는 것이라고 생각한다. 나는 '연농(緣農, '원농(援農)'과 발음이 같음 _옮긴이)'이라 부른다.

농업을 둘러싼 내우외환의 상황 속에서 농업을 이해하도록 텔레비전이나 신문 등 매스컴을 통하여 많은 정보가 전해진다. 그러나 이런 간접정보(내 칼럼도 그렇지만)에는 한계가 있다. 당연한 일이지만 정보는 실체가 아니다. 소비자가 농업을 이해하기 위하여 가장 중요한 것은 간접정보가 아니라 논밭 가운데 서는 직접체험 '원농' 그 자체가 아닐까. 원농을 통하여 비로소 소비자는 자라는 생명이 보이고 일 끝에 얼굴에 부는 바람도 기분 좋지 않을까.

상쾌한 햇빛에 감사하면서
밭에 생강을 심는 손길

오리전선 열도를 북상하는 햇오리 넣기

산의 메밀잣밤나무 꽃이 독특한 향기를 풍기고 있다. 우리 집 햇오리도 상승하는 기온에 맞추듯이 쑥쑥 자라며 병아리 상자 속에서 이리저리 달리고 있다. 5월 하순에 모내기가 끝난 고시히카리의 논에 넣을 예정이다.

무농약 벼와 맛있는 청둥오리를 즐겁게 동시에 기르는 오리농사를 시작한 지 다섯 해가 된다. 지난 해 2월, 내가 사는 게이센정(桂川町)에서 개최한 오리 써미트를 계기로 오리농사는 전국으로 퍼져나갔다. 지난해 추정 실천자 백 명. 그리고 올 여름 북쪽으로는 북해도에서, 남쪽은 타이완까지 약 천 명의 농민들이 실천할 것이다.

오리로 일본을 포위하자. 이것은 '오리농민 봉기'다.

'역축(役畜)'이라는 그리운 단어를 기억하는 분이 있을까? 쟁기질이나 짐을 나르는 소나 말 같이 일하는 가축을 그렇게 불렀다.

논에서 잡풀이나 해충을 먹고 양분이 되는 똥을 공급하는 오리농사는 그야말로 '역축'의 부활이다.

농업의 근대화, 전업화 가운데 대부분 농가 마당에서 가축의 모습이 사라지고 절 같이 조용한 농가만 남게 되었다.

우리 집에는 오리, 닭, 토끼를 기른다. 닭과 오리에게 모이를 주는 것은 맏이의 역할. 알을 모으는 것은 둘째 아들, 큰 딸애는 토끼에게 풀을 준다. 가축을 돌보면서 아이들이 배우는 것은 적지 않으리라 생각한다.

청둥오리를 논에 넣는 행사는 가고시마를 선두로 이달부터 일본 열도를 북상해간다. 5월 하늘에 고이노보리(단오 때 하늘로 올리는, 천이나 종이로 만든 잉어 _옮긴이)가 헤엄치고 있다.

하늘에 헝겊 잉어,
땅에 오리가 뛰노는
맑게 개인 5월

아시아로 오리가 노는 논 견학

여름채소 정식도 끝나 토마토, 가지, 오이, 피망, 오쿠라, 강낭콩, 호박…. 우리 집 5월의 밭은 화사하다. 조생종 고시히카리의 모내기도 끝났다.

11일. 나는 '오리농사에 대한 조사, 연구 및 교류'를 위하여 중국 타이완으로 떠난다.

총 14명의 조사단 진용은 대학 조교수 3명, 농부, 낙농가, 전 농촌지도소 소장, 소방사, 스님 등 실로 다채롭다. 오리 벼농사에 대한 관심의 폭을 엿볼 수 있다. 이런 주제의 조사나, 혼성팀 구성도 일찍이 들어보지 못한 일일 것이다.

지난 해 5월, 내가 입수한 중국 문헌을 보면 '오리 벼농사는 13~14세기 무렵 중국 남부의 농업 노동자가 실천하면서 창조한 것'이라고 쓰여 있다.

실제로 중국 남부의 오리농사는 내가 제창하는 오리 벼농사와 많은 공통점과 차이점이 있다. 그러니까 중국이나 타이완의 농민이나 연구자와의 교류는 의미가 깊을 것이다.

오리농사의 발생 과정보다 나는 오리 벼농사를 낳은 자연 풍토나 생활에 관심을 가지고 있다.

 버드나무 아래 조용히 앉아, 이마에 스치는 바람을 느끼면서 논에 노니는 오리를 바라보고 있다. 노자나 장자의 사상처럼 중국 남부의 농촌 생활은 자연과 조화를 이룬 여유로운 리듬일 것이다.

 '지금 인간에 대한 물음은 기술이나 경제가 아니라 생활방식 그 자체예요.'
 라고 오리 친구가 내게 속삭이는 것 같다.

**오리 논의 논두렁을 메며 보는
녹나무 새 잎**

타이완 오리농사 사정 대부분 일본으로 수출

열흘에 걸친 '중국과 타이완의 오리 벼농사에 관한 조사, 연구 및 교류' 여행을 마치고 5월 20일 귀국하였다.

타이완의 오리 벼농사는 예전에는 이곳저곳 눈에 띄었지만, 지금은 거의 보이지 않고 우렁이 구제에 오리를 주목하기 시작하는 단계다.

타이완 정부는 3,000평에 20마리의 오리를, 왕우렁이 구제용으로 논에 넣도록 장려하고 사료값도 보조할 예정이라 한다.

타이완에서는 쭝리시 공사, 타이완성 축산 시험소 이란분소, 타이완성 리타오웬 고급농공직업학교, 오리 기르는 곳이나 농가를 안내받았다. 어디서나 환영이고 견학, 강연, 그리고 즐거운 교류회(맥주와 오리 요리)를 열어주었다.

타이완 북동부 이란시 근교의 대부분 커다란 하천에는 몇 십만 마리인지 알 수 없는 체리바레라는 흰 오리를 양식하고 있었다. 새우 양식도 왕성하여 이것도 양식지가 끝없이 펼쳐지고 있었다.

이런 광경은 언뜻 보기에 실로 장관이고 경기가 좋아 보인다. 그러나 사실은 환경오염, 특히 수질오염을 피할 수 없어, 실로 심각한 인상을 받았다. 이들 오리나 새우가 '블랙타이거'라는 상품 이름으로 거의 대부분 일본으로 수출되고 있는 것을 사람들은 얼마나 아는지? 일본 사람의 위와 타이완의 환경문제가 이렇게 밀접하게 연결되어 있는 현실을 알고 보면 기분이 착잡해진다.

올해 7월, 환경보전, 순환, 연속농업, 오리 벼농사를 배우러 타이완 사람들이 단체로 일본에 온다.

오리가 노는 논에
무지개 서는 초여름 풍경

중국의 농촌 농사의 원점을 보는 생각

5월 13일 깊은 밤, 타이완에서 홍콩 경유 비행기로 중국 계림시에 도착, 중국 과학기술협회 류쌍(劉翔)씨가 마중을 나왔다. 이번 여행은 지난 해 후쿠오카현 농업총합시험장에 유학을 온 류씨에게 중국 문헌「오리 논 방사」의 번역을 의뢰한 것이 인연이 되어 실현되었다.

다음날 아침, 이웃 싱안현을 향하다. 차창 밖으로 펼쳐지는 경치는 언젠가 예전에 보았던 그리움을 느끼게 하는 농촌 풍경이었다. 시내 한복판을 작은 시내가 몇 가닥으로 나뉘어 흐르고, 창고 뒤켠에 작은 연못이 있어, 오리나 거위가 놀고 있었다. 주변에 펼쳐지는 논에는 물이 가득 실려 있었다.

대바구니에 넣어 나르던 햇오리를, 모내기가 끝난 논에 넣는 여성, 온 가족이 벼 모를 뽑거나 모내기를 한다. 물소로 천천히 논을 가는 젊은이, 논두렁에 앉아 풀을 먹는 물소나 물에서 노는 오리를 물끄러미 바라보는 사람도 있었다. 저녁 무렵에는 노인이나 어린이들이 물소를 몰고 집으로 돌아가는 모습도 보였다. 가장 그립게 생각되는 것은, 수로에서 아이들이 대나무 바구니로 물고기나 새우를 건지는 모습이었다. 1955년 경 여름이 되면 나도 저들과 마찬가지로 대나무 바구니로 물고기를 건지면서 놀지 않았던가?

인간과 자연이 조화를 이루고 생활과 생산이 일체가 되었던 농사의 원점을 거기서 보았다. 개울이라는 자연의 힘을 매개로 사람과 벼와 물소와 오리가 공존하고 있었다.
이런 풍토 속에서 자연히 천 년의 역사와 전통을 갖는 오리벼농사 기술이 태어나 지금도 계속되고 있다.

강낭콩 햇살에
껍질이 탁탁 튀는
여름이 왔구나

천리동풍(千里同風) 동시에 자라는 오리와 벼

5월 16일, 탄강으로 가다. 양쪽 언덕의 바위산은 몇 겹을 이루고 솟아서 마치 수묵화의 세계를 보는 것 같았다. 붉은 벽돌집이 보이는 곳에는 반드시 갈색의 중국 재래종 오리가 헤엄치고 있었다. 다음날 아침, 비행기로 꽝저우(廣州)에 가다. 교역회로 유명한 꽝저우시는 꾸이린(桂林)계림과 달리 개방적이다. 화난 농업대학과 중수완 대학을 찾았다. 화난(華南)농업대학에서는 중국의 오리 벼농사 세미나를 들었다. 천 년의 역사와 전통이 있는 흥미 있는 이야기로 문헌도 받았다.

그 가운데 쓰촨성의 오리 방목은 인상 깊었다. 봄에는 보리밭이나 채소밭에, 여름은 논에, 겨울은 언덕이나 산에 방목한다니, 참으로 오리의 돌려짓기였다.

우리들도 일본의 오리 벼농사-오리와 벼가 논 가운데 동시에 자란다-의 현상과 생각을 발표하였다.

빠오시쩡(包世增) 부교수는 '앞으로 일본과 교류하면서 연구를 진행하고 싶다'고 말하였다.

동남아시아 각지에서 학생이 오는 중수안(中山)대학에서는 열렬한 환영을 받았다. 같은 대학 생명과학학원 원장인 푸쩌룽(蒲蟄龍) 선생의 마중을 받고 중국의 전통 해충방제법에 대하여 말씀을 들었다. 중국에서는 농가 둘레에 펼쳐지는 논에 햇오리가 자연스럽게 헤엄친다는 인상을 받았다. 내가 제창하는 오리 벼농사하고는 조금 취향이 다르게 생각되어, 중국 쪽에서 오리농사법에 강한 관심을 보였다.

꽝시(廣西)사범대학 쨩카이 부교수한테서 '천리동풍'이라는 액자를 받았다. 아시아 농업은 하나라는 넓은 시점에서 우리 벼농사를 일본, 중국 함께 연구하자는 지적으로 받아들이고 있다.

오리논에
농민 봉기 있네
사쿠라지마
(앵도 櫻島, 가고시마현에 있는 화산섬 _옮긴이)

앞선 이들에게 배운다
좋은 결과를 낳는 돌려짓기

아침 5시. 물을 댄 논 수면에 푸른 하늘이나 산이 비췬다. 조용한 여름 아침이다. 이 조용한 아침은 언제까지 계속되지 않는다. 우리 집에는 아직 모내기가 끝나지 않았기 때문이다.

쌀이 남아도는데 팔리는 쌀을 만들자고 모내기철이 일러지고 있다. 10년 쯤 전에는 내가 사는 마을 모내기는 6월 20일쯤이었다. 그런데 요즘에는 6월 10일쯤 수로에 물을 보내어 일제히 써레질이 시작된다. 우리 집 논을 제하고 이틀 동안에 온 들판의 모내기가 끝나버린다.

그런데 감자나 양파는 6월 20일게가 수확의 적기다. 이때가 되면 완숙하여 통통 소리가 날 만큼 굳어지고, 단맛이 나온다. 유기농업에 뜻을 두고 소비자에게 채소를 배달하는 관계로 적기에 수확을 하려니, 당연히 모내기도 늦어진다.

벼를 거둔 뒤 논에 채소를 재배하였다가 모내기 전에 수확하는 작물을 그루갈이라 하는데, 휴경과 농업의 쇠퇴로 겉갈이 벼 농사가 겨우 유지되어, 그루갈이를 하는 돌려짓기 생각은 자취를 감추게 되었다.

겨울에 감자나 양파 등 그루갈이를 하면 유기물의 투입, 토양의 건조로 벼의 생육에 매우 좋은 영향을 준다. 한편 여름에 물을 대면 밭에 났던 잡풀의 발생을 억제하고 해충이나 병 등 연작 장애를 피할 수 있어, 감자나 양파 등 생육에도 바람직하다.
 감자나 양파의 산지로 알려진 곳일수록 토양 소독 등 농약 사용이 불가피하다고 한다. 단작 때문에 생긴 연작 장애일 것이다. 생태계가 황폐해진 지금, 그루갈이를 할수록 좋아지는 앞선 사람의 지혜, 돌려짓기의 사상을 다시 배우고 싶다.

오리에 끌려
모내기가 늦어지네

일조만보 (一鳥萬寶 한 마리 새(오리) 일만 보배)
해충도 양분이 된다

논의 벼도 어느 만큼 자라, 요즈음 갠 날에는 이곳저곳 논에 햇오리를 넣고 있다. 벼 이삭이 나오기까지 약 두 달 동안 오리는 전기울타리를 둘러친 논에서 밤낮 산다.

관행(근대) 벼농사에서는 잡풀이나 해충은 벼에서 양분을 빼앗는 깡패, 해로운 생물로 여겨진다. 그래서 잡풀은 제초제로, 해충은 농약으로 몰살시키는 방제 도식이 만들어졌다.

그런데 한 번 논에 오리를 넣어 기르면 상황이 싹 변한다. 깡패였던 해충이나 잡풀은 오리의 먹이가 되고, 고기가 되고, 똥이 되고, 마침내 벼의 양분이 된다. 즉 훼방꾼이었던 잡풀이나 해충이 자원이 된 것이다. 이 역전이야말로 오리 벼농사의 진국. 정말 재미다.

모든 생물은 어느 하나 의미 없는 것이 없다. 왜냐하면 그 하나하나가 자연을 구성하고 있고, 인간도 또한 그 구성원의 하나에 불과하기 때문이다.

오리의 총합적인 효용을 보고 사람들은 '일석이조' 또는 '일석삼조'라고 한다. 이 표현만큼 부적절한 것은 없다. 오리 벼농사에서는 돌로 새를 잡는 것이 아니라, 새가 돌의 역할을 한다. 일석이조는 써서 안 될 말이다. 일조만보라야 맞다.

오리 벼농사는 화학비료나 농약이나 제초제로 상징되는 근대화 농업의 연장선 위에 있는 기술이 아니다. 근대화 농업의 사고방식을 넘어서 존재한다.

지구 환경의 황폐가 문제되고 있는 지금, 자연 환경을 되도록 교란하지 않는 시스템을 확립하는 것이야말로 '지구 백성'의 사명이 아닐까?

> 오리도 춤추며 헤엄치는
> 장마 개인 맑은 날

여름 채소 밭에서 먹는 싱싱한 맛

올여름은 비가 적고 맑은 하늘의 혜택으로 우리 집 여름 채소도 어느 해보다 풍성하다. 특히 완전 무농약 유기농업으로 가장 짓기 어려운 작물의 하나인 토마토가 풍작이라 기쁘다. 날마다 아침 다섯 시에 일어나 빨갛게 익은 토마토를 아이들과 따서 소비자에게 배달하고 있다.

노지의 토마토는 비가림을 하는 하우스의 토마토와 비교하면 겉껍질은 두껍지만 달고 신 맛이 어울려 정말 맛이 있다.

시판되는 채소 씨앗은 거의 화학비료, 농약, 제초제 사용을 전제로 한 것이라, 완전무농약 유기농업에 맞는 품종은 매우 드물다. 유기농업의 첫 걸음은 경지에 맞는 품종 찾기에서 시작한다. 나도 지금 심는 토마토의 품종을 찾는데 7년이나 걸렸다.

토마토의 경우 조금만 비가 많이 와도 병에 걸리기 쉽다. 중요한 것은 병에 강하고 적당히 맛이 있는 것이다.

아이들이 엄청 좋아하는 수박도 또 풍작. 아침 이슬에 촉촉이 젖은 밭에서 쪼개먹는 수박 맛이란!

수박 씨앗을 뿌리고, 쌍잎이 나와 꽃이 피고, 앙증맞은 줄기 끝에 작은 열매가 달린다. 아이들은 날마다 보러 와서 '며칠 밤 자면 먹어?'라고 묻는다. 열매가 커지면 작은 손으로 두드리면서 소리를 듣고 '이제 먹어도 된다고 수박이 말하잖아'라고 말한다.

우리 손으로 심고, 기르고, 기다리고 기다리다가 잘 익은 수박을 먹는다. 그 감동은 시판하는 수박(우리 집에서는 사다 먹지 않는다)을 먹었을 때와 비교가 안 된다. 왜냐하면 상품으로서 '식품'의 의식이 아니라 배후에 있는 '생명' '농사'와 연결된 '먹을거리의 의식'이 있기 때문이다.

**구름이 뭉게뭉게 피어오르는
미무레산(三群山)을 바라보며
수박을 먹네**

잡풀 퇴치 오리에게 맡기세요

 태풍의 영향도 대단치 않아, 우리 집 오리논 벼는 순조롭게 이삭이 나왔다. 오리 덕에 잡풀은 거의 보이지 않는다. 논두렁에 서서 물 위를 이리저리 바쁘게 돌아다니는 그들을 바라보노라면 뙤약볕 아래 힘들게 김을 매던 1977년부터 십 년 동안이 회상된다.
 당시 나는 오리농사를 몰라 이용하지 않고 4,500평 논에 화학비료, 농약, 제초제를 일체 사용하지 않고 가족과 '농활' 나온 소비자 일손만으로 논을 맸다. 그러나 한바닥 논의 풀을 다 매고 돌아보면 김을 다 맨 다른 논의 풀이 벌써 무성하였다. '근면'만으로 풀을 잡으려 하였던 것이다.
 지금 가장 오리에게 감사하는 것은 그동안 줄곧 도와주셨던 소비자들일 것이다. '아, 보통 힘들어야지. 더 이상 그렇게 힘든 일은 못하겠어요.' 라고 말한다. 이 기술은 소비자들과 함께 흘린 땀에서 나왔다. 견학 온 사람들이 '아무리 살펴도 풀이 없는데 어째 그런가?'라고 자주 질문을 한다. 손으로 논의 김을 맨 일이 없는 사람들의 예리한 질문이지만, 제초는 오리의 즐거운 식사인 것이다.

축산(오리사육)과 벼농사가 같은 장소에서 이루어져 양쪽에 똑같이 좋은 결과를 낳고 있다.

오리 사육이라는 점에서 생각하면
1. 300평에 약 30마리라는 넓은 생활공간이 확보된다.
2. 곤충이나 잡풀 등 먹이가 저절로 주어진다.
3. 똥도 흙으로 돌아간다

는 이점이 있다. 이것을 지금 축산 농가의 모습과 비교해 보시라.

최근 오리 벼농사가 전국에 확산되는 속도는 놀랄 만하다. 이유는 여러 가지 있겠지만, 잡풀의 퇴치가 어려운 유기농업의 애로를 나름대로 해결한 것이 큰 이유일 것이다.

청둥오리에
두 손 모아 합장하는
입하의 계절

심리적 울타리 들개 격퇴에 전기 충격

벼 이삭이 나기 시작하여 오리를 논에서 꺼낼 무렵이 되었다. 고맙게도 올해는 한 번도 들개의 습격을 받지 않았다.

처음 오리농사를 시작했을 무렵, 논에 넣은 오리를 개가 습격하리라고는 꿈에도 생각하지 못했다. 왜냐하면 평소 물을 댄 논에 개가 질벅거리고 뛰어다니는 모습은 한 번도 본 일이 없었기 때문이다. 1988년 여름, 높이 1m의 간단한 그물로 논을 둘러싸고 그곳에 오리를 풀어 넣었다. 벼 이삭이 막 나오려 할 무렵, 세 마리 들개가 오리를 습격하였다. 논 가운데는 목이나 등을 물린 오리 시체가 사방에 흩어져 있었다. 처참하기 그지없는 광경이었다.

'떼거리를 짓는다'는 말이 있다. 오리를 습격할 때 들개는 반드시 세 마리 이상이 떼를 지어 행동한다. 고약한 것은 먹을 뿐 아니라 사냥을 즐긴다. 하룻밤 새 백 마리 가까운 오리가 전멸하는 일도 흔치 않았다.

들개의 습격을 당하고 이를 갈며 화를 삭이는 괴로운 경험을 3년 동안이나 하였다. 실패와 연구를 거듭한 끝에 1990년 마침내 외적 방어용 전기울타리라는 해답에 다다를 수 있었다. 이 방어법을 생각하지 못했다면, 들개 공격에 패배하여 두 손을 들었을 것이다.

전기울타리는 강렬한 전기 충격을 외적에 주어, 두 번 다시 접근할 엄두를 못 내게 하는 심리적 효과가 있다. 종전의 그물이나 물리적 울타리와 다른 심리적 울타리다. 오리를 습격하는 것은 들개만 아니라 집개도 꽤 많다. 늘 사슬에 매여 개 사료만 먹다가 스트레스가 쌓였기 때문일 것이다. 무슨 게임을 즐기듯이 닥치는 대로 오리를 물어 죽인다. 하지만 개만 나무랄 수는 없다. 개야말로 포식 일본의 상징이기 때문이다.

오리 노는 논에
이삭이 나오는 푸른 하늘

귀뚜라미 배추 모 정식으로 피해를 막다

우리 유기농업은 벼 베기 전 농번기다. 가을과 겨울채소인 배추, 양배추, 순무, 무 등 정식하고 씨 뿌리기로 바쁘다.

여름 채소인 호박, 오이 등 잎이나 줄기를 걷어낸 뒤 퇴비를 뿌리고 갈아 이랑을 만든다. 씨 뿌리기나 정식 자체는 간단하지만, 늦더위가 특히 심해서 여름 채소를 뒷정리하기가 보통 일이 아니었다. 배추, 양배추, 브로콜리 등은 8월 중순, 마당에 해가림을 하여 씨를 뿌리고 물을 주어 기른다.

여기에는 이유가 있다. 직접 밭에 씨를 뿌리면 막 튼 어린 싹을 귀뚜라미가 싹둑싹둑 먹어버린다. 싹이 영양 만점이기 때문이리라. 귀뚜라미란 놈은 연주회를 근사하게 연 다음 잔치를 열어 마음껏 먹어 젖힌다.

농약을 치면 간단하지만, 무엇을 위한 유기농업인지 알 수 없게 된다. 9월에 접어들어 어느 만큼 서늘해지면 귀뚜라미 활동력도 쇠퇴하는지 비교적 피해가 적다. 그래서 늦게 씨 뿌릴 것을 생각하였다. 그러나 늦게 뿌리면 속이 안 차 부실하게 겨울을 맞이하는 일이 이따금 있다.

빨리 뿌리면 귀뚜라미에게 먹히고, 늦게 뿌리면 속이 차지 않는다. 이런 어려운 문제를 해결하기 위하여 나는 제3의 방법을 찾아냈다.

8월 중순, 귀뚜라미가 적은 집 마당의 포트에 씨를 뿌리고, 9월 상순 다 자란 모를 밭에 심는 지극히 단순 명쾌한 방법이다.

며칠 전 맑고 서늘한 달빛 아래 아이들과 함께 배추를 심었다. 달빛 아래 일은 아이들에게 신선한 체험이었다.

맑은 바람에
달을 보며
채소 심는 즐거움

오리의 운명
먹이로 제공되어 인간의 생명으로

 가을바람에 벼 이삭이 흔들릴 무렵이 되면, 오리털 빛깔이 조금씩 고와진다. 논에서 뺀 오리는 지금 일시적으로 우리에서 기르고 있다. 벼 베기가 끝나면 다시 넓은 논에 넣어 기른다. 떨어진 이삭이나 벌레, 풀을 먹게 하는 것이다. 이것을 오리의 벼 벤 논 방사라고 한다. 이것 또한 이용하지 않는 천연자원과 공간의 유효한 이용법이다.

 오리를 논에서 뺄 때 '오리를 어떻게 합니까?'라고 견학 온 이들이 묻는다. 며칠 전에도 어느 텔레비전 방송국의 여성 기자가 같은 질문을 하였다. 그런 질문에는 '첫 이슬이 내려 무나 양파가 맛이 들 무렵 오리 냄비찌개를 해 먹어요'라고 대답한다. 그러면 놀란 표정으로 '어머나, 불쌍해라.' 라고 한다.

 그래서 나는 '오리는 거듭 태어나 인간이 됩니다. 오리의 생명을 받는다는 것은 그들이 인간으로 태어나기를 도와주는 것입니다. 반대로 인간인 당신은 이 다음에 오리로 이 세상에 태어납니다'라고 대답한다.

사람은 살아 있는 이상 고기도 채소도 쌀도 사서 먹는다. 닭도, 무도, 오리도 그리고 사람도 생명은 하나고 가치는 같다. 이것을 생명의 동일성이라고 한다. 무엇이나 돈만 내면 언제나 손에 들어오고 자기 손을 직접 더럽히지 않고 곧 먹을 수 있다. 대량소비, 분업사회 속에서 우리들은 어느 사이엔가 생명을 받아 사는 존재임이 보이지 않게 된 것이 아닐까?

벼가 익어가며
들판에 축복 넘치는 석산꽃

농업고등학교 학생 오리농사에 관심

골든 로뜨꽃이 아름답다. 양봉가는 누구나 알지만 봄에 자운영처럼 가을의 중요한 밀원 식물이다.

며칠 전 구마모토현에 있는 농업고등학교 작물담당 선생님들의 연수회에 초청을 받아 갔다. 모두 20명 정도 되는 소규모 연수였다. 하나의 농부에 불과한 나의 강연을 열심히 듣고, 그 방면 전문가같이 핵심을 찌르는 질문이 여러 개 나왔다.

연수회에 초대된 이유가 재밌다. 올해 늦봄 구마모토현 아소군에 있는 농업고등학교 선생님이 우리 집을 방문하였다. 이 선생님은 우리 집에서 보고 들은 오리 벼농사에 매혹되어 올 여름에 근무하는 고등학교의 실습지 논에 오리를 넣은 것이다.

그러자 그때까지 벼농사에 별 관심이 없던 학생들이 오리 벼농사에 대하여 믿을 수 없을 만큼 깊은 관심을 보이고, 앞다투어 오리를 돌보았다고 한다.

'요즘 아이들은 시류에 민감해 원예나 꽃 같이 돈이 되는 부문을 선택하지만, 작물 특히 벼농사는 아무도 선택하지 않았다. 어떻게 해야 학생들이 벼농사에 관심을 가질지 우리들은 골머리깨나 썩었습니다. 그런데 뜻밖에 오리 때문에 벼농사에 흥미를 갖게 된 것입니다.'

그 선생님은 기쁜 표정으로 이야기를 하고, 다음 내 차례가 되었다. 오리가 갖는 신기한 교육력, 내년부터는 구마모토현 안의 어느 농업고등학교에서나 오리 벼농사가 시작되기를 기대한다.

물푸레나무 향기 퍼지는 날
아내와 벼를 베다

전통 하이테크 해충 '요격'의 고도 기술

 벼 거두기도 끝나 한숨 돌렸지만 우리 집 유기농업은 여전히 바쁘다. 첫 서리가 내리기 전 해 두어야 할 일이 많기 때문이다.

 논의 벼도 오리 친구 덕택으로 해충 피해가 거의 없었다. 충해가 있으면 벼가 탄 것처럼 보이지만 올해도 아름다운 벼를 벨 수 있었다. 청둥오리를 만나기 전, 멸구 피해에 전전긍긍하던 나날이 이제 돌이켜 보면 먼 옛날 일 같다.

 청둥오리 친구가 벌레를 잡는 능력도 볼수록 놀랍다. 청둥오리는 날아가는 파리를 쏜살같이 쫓아가 잡아먹는 놀라운 운동능력을 가지고 있다.

 보통 벼 해충, 멸구 등은 6월 말에서 7월 초에 중국이나 동남아시아로부터 바람을 타고 날아온다. 그리고 마음에 든 논에 내려와 벼 줄기에 알을 낳고 늘어난다. 줄기에 알을 낳은 갈색 흔적이 점점이 묻어 있다.

청둥오리는 고성능 요격 미사일이라고 말할 수 있다. 이런 고도의 기술은 농약에 절은 근대 농업기술로는 될 수 없다. 청둥오리 미사일을 배치하는 오리농법은 최신식 전통 하이테크 기술이다. 새 것은 옛 것이 되지만 옛 것은 옛 것이 되지 않는다.

감 하나 따는 사람 없는
가을 맑은 날씨

유기농업 기술 아직 확립 안 되다

전날 <환경보전형 (유기)농업의 전개 방향에 관한 연구회>가 규슈의 국공립 농업시험장과 대학의 연구자를 중심으로 히모지마(絲島)에서 열렸다. 나에게도 오리농법의 발표 의뢰가 있었기에 참석하였다.

시대의 변화는 급격하다. 내가 유기농업을 시작하였던 십오 년 전에는 농업시험장에서 유기농업의 연구회가 열리리라고는 꿈에도 생각하지 못하였다. 그때 유기농업자는 소수의 이상한 사람들로 이단시되었다.

그런데 어느 사이엔가 유기 붐이 닥쳐 농산물의 상자나 부대, 선전 간판에 '유기'라는 표현을 쓰게 되었다. 설령 화학비료나 제초제를 사용하였더라도 논밭의 짚이나 잡초나 자운영 같은 유기물만 넣으면, 유기라는 말을 써도 아주 틀린 말은 아닐 것이다.

그러나 본래 유기농업운동의 흐름과는 전혀 다른 흐름이 있다는 것 또한 부정할 수 없는 사실일 것이다.

내가 아는 한 큐슈에서도 정말 완전 무농약 유기농업을 하고 그것으로 생계를 유지하는 농부가 과연 몇 명 있을 것인가, 불과 몇 안 된다.

내년 4월부터 농수성에서 만든 유기농산물 기준이 적용되어 일단 화학비료도 농약도 제초제도 일체 사용하지 않는 작물에만 유기라는 말을 사용하게 된다. 그것은 그 나름대로 의미가 있다. 그렇지만 문제의 본질은 너무 앞서나가는 유통에 있는 것이 아니라, 유기농업의 기술 그 자체가 아직 확립되지 않은 데 있다.

히모지마의 조용한 바다를 보면서 나는 그렇게 생각하였다.

가을비에 젖으면서
거두는 배추

채소는 어린 대나무 빛
벌레들과도 사이좋게

며칠 전 동경의 청과물 유통 전문가가 후쿠오카 시에서 강연하는 계제에 우리 집을 방문하였다. 내가 '채소는 퇴비만으로 만들기 때문에 잎의 빛깔이 어린 대나무 빛입니다.' 라고 말했더니 '지금 일반적으로 시장에서 유통하는 채소는 수량만 많게 하려고 30%쯤 비료 성분이 많아요.' 라고 지적하셨다.

확실히 시장의 짙은 녹색 채소와 비교하여 퇴비만으로 키운 우리 집 채소는 잎 빛깔이 엷고 거름이 부족해 보인다. 그러나 먹어보면 고소한 단 맛이 나고 요리할 때 잘 익고 수량도 줄지 않는다. 물론 충해도 적다.

흔히 구부러진 오이나 벌레 먹은 채소를 무농약 유기농업의 상표처럼 말하지만, 십오 년간의 유기농업 체험에 비추어 본 바로는, 생산과정을 모르는 속설에 불과하다.

오이가 굽어지는 것은 줄기 힘이 쇠약했을 때나 양분, 수분이 부족했을 때다. 달리기 시작한 오이는 거의 곧다. 유기농업이니까 필연적으로 굽어진다는 법은 없다. 또 화학비료나 농약을 사용하면 곧게 되는 것도 아니다.

유기농업에서는 시장유통과 달리 일일이 선별을 하지 않기 때문에 굽은 오이가 들어 있다고 해석하는 것이 바르다. 벌레 먹은 흔적도 마찬가지. 확실히 농약을 일체 사용하지 않기 때문에 조금은 벌레가 붙는다. 그러나 적당하게 지으면 잎이 편물처럼 구멍이 뚫리는 충해는 일단 없다.

충해가 심한 원인은 다양하지만, 크게 보면

1. 제때 씨를 뿌리지 않았다.
2. 화학비료만 써서 비료분이 너무 많았다.
3. 이어짓기
4. 밀식

등이 생각된다.

나는 제때 씨뿌리기, 논밭 바꿔짓기, 그루갈이, 드물게 심기, 흙 만들기(퇴비), 오리 등으로 벌레들과 사이좋게 지나고 있다.

아이들에게 안겨주는 한여름 배추,
바람은 차다

백성백작, 생명의 접촉

초겨울 더 좋아지는 채소 맛

태양의 따뜻한 은혜를 들일을 하며 느끼는 계절이다. 추위와 바꾸어 채소가 제 맛이 난다. 무, 배추, 순무, 브로콜리 어느 것이나 찬바람 속에서 단 맛과 부드러움이 증가한다. 서리가 내리고 손에 입김을 쏘이면서 수확할 무렵, 더 제 맛이 드러난다.

사철 그때그때의 변화 가운데 채소 맛이 드러난다. 여름 더위가 토마토의 단맛을 만들고, 겨울의 추위가 배추의 단 맛을 낸다.

채소를 먹는 사람 쪽은 어떤가. 인간은 사회의 아이임과 동시에 자연의 아이다. 산, 나무의 잎이 붉게 단풍이 들고 오리의 깃이 선명하게 되듯이 인간의 마음과 몸도 자연의 운행에 따라 미묘하게 변화할 것이다.

겨울이 있고, 겨울의 채소가 있고, 겨울의 삼림이 있어 무의 맛이 생긴다. 거기 제철의 맛이 이루어진다.

여기 문제의 핵심이 있다. 아무리 물질적으로 풍부하게 되고 편리하게 되어도 인간 자신의 자연(마음과 몸)은 변하지 않는다. 물질만으로 사람은 결코 풍요롭게 되지 않는다.

그러나 현실은 계절 변화에 관계없는 냉온방이 완비된 인공환경 속에 살고 있다. 계절을 거슬러 만들어진 하우스 재배의 채소나 일본 기후와 완전히 다른 수입고기나 채소를 포식하는 일본 사람도 많다.

그리고 리조트 붐, 미식가 붐, 자연식 붐, 유기농업 붐, 종교 붐 어떤 의미로는 이들은 인간 속에서 왜곡된, 자연으로 돌아가려는 현상-풍부함 속의 가난이거나 가난 속의 풍요로움-이라고 할 수 있지 않을까.

서리가 채소의 맛을 내듯 인간에게도 서리가 맛을 낸다는 생각이 든다.

오리찌개냄비 속
무가 맛있는 초겨울

오리 요리 느끼하지 않은 절품

요 전날, 동경 출판사의 의뢰로 오리 요리를 선보이고 그 모습을 비디오에 담았다.

냄비, 불고기, 통구이, 훈제, 육회, 양념, 스테이크, 샐러드, 밥, 간요리 등이다.

가슴 로스나 내장을 육회나 양념을 하고, 나머지로 오리찌개냄비를 만들고, 지방과 껍질로 오리밥을 짓는 식으로 한 마리를 버리는 곳 없이 다 이용하는 요리법을 연출하였다.

오리요리는 오리의 특유한 냄새가 짙어 맛이 없다는 평가도 있지만, 제대로 요리하면 이보다 맛있는 것은 없다. 특히 오리 주물럭이나 스테이크는 지방이 많은데도 느끼하지 않고 참으로 절품이다. 먹어본 많은 사람들이 '옛날부터 먹던 말고기보다 낫네'라고 말한 정도다.

유감스럽게도 일본 사람은 오리 먹는 기회가 매우 드물다. 보통 요정이나 음식점의 오리 요리로 소비되고 있다.

일본의 청둥오리 고기의 총 유통량은 1990년 11,000톤 그 대부분이 체리바레라는, 몸무게가 4kg쯤 나가는 영국계의 흰, 대형 오리고기다. 그것도 80% 이상이 대만 등지에서 수입한 것이다. 모호한 것을 좋아하는 일본 사람 특성 때문인지 아니면 상혼 때문인지 업계에서는 닭고기를 '가시와'라고 하듯이 예전부터 오리고기를 '청둥오리'라 부르고 있다.

 대만이나 중국, 한국과 달리 일본에서는 왜 오리나 청둥오리 등 물새를 일상 먹는 문화가 뿌리내리지 않는지 궁금하다.

 올 여름 전국에서 약 1,300호의 농가가 오리농사에 도전하여 약 10만 마리의 청둥오리가 논에서 헤엄치고 다녔다. 오리농사는 벼농사 기술이면서 물새 먹을거리 문화를 일본에 뿌리내리는 운동이기도 하다.

춘국을 따는 손이 차구나,
초겨울의 비

흙과 토지 하루아침에 만들 수 없다

요즘 날마다 논밭에 퇴비를 뿌리고 있다.

내가 한 해 만드는 퇴비 양은 약 2백 톤. 완숙 퇴비를 만들기까지 약 6개월. 넓은 퇴비장이 필요하고 뒤집는 품도 꽤 든다.

그래도 십오 년 동안 묵묵히 퇴비를 계속 만들었다. 그것은 모든 농업기술 가운데 흙 만들기야말로 최대의 기술이라고 생각하기 때문이다. 흙 만들기를 성에 비유하면, 성벽이다. 훌륭한 성벽을 쌓아야 그 위에 천수각(天守閣 지휘소 _옮긴이)을 세울 수 있다.

하지만 내 경우에는 아직 성벽도 완성되지 못하였다. 그래도 흙 만들기 덕분에 밭은 놀라리만큼 배수가 잘 되었다.

무농약 채소를 치쿠후나 후쿠오카 시의 일부에 배달하는 짬에 논을 토사나 쓰레기로 메워 택지를 만드는 광경을 보게 된다. 납빛 겨울 하늘 아래 실로 을씨년스럽고 거기 까마귀라도 날아다니면 마치 논의 장례식장 같다.

어느 논밭의 표면에도 검고 포실포실한 표토가 반드시 있다. 그 두께는 대체로 15~25센티 쯤 될 것이다.

우리 조상은 볏짚이나 보리짚으로 퇴비를 만들어 해마다 논밭에 넣는, 노동력이 엄청 드는 일을 꾸준히 계속 해왔다.

그 노력이 쌓여 검은 흙을 만들었다. 즉 표토는 자손의 행복을 바라면서 논 만들기에 땀을 흘렸던 조상님들의 노동의 축적인 것이다.

확실히 불도저나 덤프트럭을 사용하면 일단 논밭의 모양만은 단기간에 만들 수 있다. 그러나 근대 과학기술을 동원해도 검은 표토는 하루아침에 만들 수 없다. 인간과 작물과 토양 미생물의 오랜 세월 노력과 작용이 쌓여야만 이루어진다.

당연한 일이지만 집을 짓는 땅과, 작물이 자라는 흙과는 본질적으로 별개의 것이다.

**조용한 겨울 햇볕 받으며
은행잎은 땅에 떨어진다**

쌀 시장 개방 자급이야말로 바른 길

 지금 가장 걱정이 되는 것은 쌀 수입 자유화의 문제다. 미국과 유럽 공동체가 화해인지 융합으로 서로 다가간 결과 급속하게 쌀의 시장 개방이 현실이 되고 있다.

 만일 쌀의 수입 자유화가 정말 결정되면, 일본의 상당한 벼 농가가 장래 희망과 전망을 잃고 농업에 종지부를 찍고 그만 둘 것이다. 농부 쪽에서 보면 도대체 무엇 때문에 휴경정책에 진지하게 협력하였던가, 쌀이 남아도는데 수입한다니. 일본의 경제는 공업제품이나 자본 수출로 유지되고 있다. 그러니까 쌀의 자유화는 부득이하다는 의견은 너무나 근시안적인 것 같다.

 나는 자기 나라에서 만드는 식량은 될 수 있는 대로 자급하는 것이야말로 가장 국제정의에 맞는 태도라고 생각한다. 세계의 3분의 1이 기아라는 상황에서 일본이 경제력만 생각하여 기본 식량인 쌀을 수입하면, 쌀의 국제 가격을 끌어올리고 결과적으로 가난한 나라 사람들이 쌀을 살 수 없는 상황을 만들어낼 것이다.

새우가 좋은 예다. 일본이 새우를 사방에서 사들여 온 결과, 지금은 동남아시아 사람들은 일본 사람들이 새우튀김을 가공할 때 버리는 새우머리밖에 먹을 수 없게 되었다고 한다.

쌀의 시장 개방론은 세계의 자원(석유 등)을 집중적으로 사용하는 선진국의 논리에 불과하다. 세계의 식량 문제로 넓게, 공평하게 보았을 때, 식량의 자급이야말로 참으로 국제적 태도다.

일본의 경제력이 앞으로 쇠퇴하지 않으리라는 보장이 없다. 미국의 과거와 현재를 보면 명백하다. 그때도 쌀을 수입할 수 있을 것인가.

봄날 같은 초겨울
아이를 무릎에 안고
겨울 논에서 일한다

바람 차다 쇠퇴로 이끌 쌀 개국

12월이 되어 갑자기 추운 날이 많아 겨울 날씨가 되었다.

마치 추위를 조장하듯 '일본은 조속히 쌀 개방의 조건 교섭으로 이행하자'는 논조가 매스컴을 떠들썩하게 하고 있다. 그 내용을 일본 벼농사에 끼치는 영향이라는 관점에서 보면 다음 두 가지로 요약된다.

1. 적당히 관세를 매기면 일본 벼농사에 그다지 영향이 많지 않을 것이다.
2. 쌀 개방으로 벼 농가 등에 규모 확대가 진행되어 국제 경쟁력이 생길 것이다.

현재까지 농업의 흐름을 냉정하게 바라보았을 때, 이 예측은 전혀 맞지 않는다고 생각된다. 전자와 후자는 서로 모순된다. 관세로 적극 영향을 억제할 수 있다면 유럽공동체나 미국이 이만큼 집요하게 파고들 필요가 없을 것이다.

또 영향이 적다면 규모 확대가 진행되지 않아야 이치에 맞는다. 자유화만 하면 일본 벼농사는 한없이 쇠퇴의 길을 갈 것이다.

일찍이 우리나라에서 자유화되었던 농작물치고 국제 경쟁력에 살아남은 것이 있었던가? 밀, 콩, 밀감, 레몬, 쇠고기는 어떠했던가. 모두 기운을 잃고 있다. 쌀만은 국제 경쟁력이 있다고 누가 말할 수 있으랴.

쌀 개국으로 지금 우리에게 던져진 물음은 '일본인에게 농업이란 무엇인가'라는 것으로 생각된다.

이맘때쯤 소비자 쪽에서 '일본 논에서 만든 쌀밖에 먹지 않겠다' 라는 국민운동이 파도처럼 일어나도 좋을 터인데.

전국 방방곡곡의 논에 잡풀이 무성하게 자라고 거친 풍경이 나타날 것인가? 벼 이삭이 황금물결을 치는 전원 풍경이 살아남을까? 농부들 마음에 부는 바람은 맵고 차다.

**청둥오리도 서로 다가가 잠드는
겨울밤은 차구나**

일한다는 것 일 자체를 목적으로

 지금은 주5일제도 드물지 않지만, 우리 집 유기농업은 여전히 바쁘다. 작물이나 가축이 자라는 데는 쉬는 날이 없는 이상, 가족 경영을 하는 우리 집에서는 주5일제는커녕 한 달에 한 번도 쉬는 날이 없다. 아니 원래 쉬는 날이라는 감각 자체가 없다.
 돌이켜보면 지난 해 일 년 동안 나는 채소배달을 포함하여 평균 하루 열 내지 열 두 시간쯤 일한 셈이 된다. 강연이나 조사 여행을 떠날 때가 휴일의 대용이라고 말할 수 있을 것이다. 물론 이렇게 일해도 변함없이 가난뱅이에 자식 부자일 뿐이다.
 일 해도 일 해도 돈은 못 버는 농업, 더 정확히 표현하면 단위 노동시간당 품삯이 가장 낮은 농업. 이러다 보니 젊은이가 농촌을 떠나는 것은 당연한 일이고, 규모 확대로 가격 절감, 체질 개선을 해야 한다는 발상도 나올 만하다.
 과연 그럴까? 일은 돈을 버는 수단에 불과한가? 나는 농업이 좋은 점은 그 총합성에 있다고 본다. 총합성이란, 하는 방식에 따라서 일과 여가, 놀이가 창조적으로 통일되는 것이다.

일은 수단이고 고통이며 하기 싫고, 여가와 소비야말로 즐거운 인생의 목적이라는 풍조가 있다. 이것도 일면의 진실이라고 생각한다.

그러나 즐거움을 일 가운데 추구하면 어떨까. 그러면 일 자체가 목적이 될 것이다.

오리농사를 한 번 시작하면 재미가 있어 어느 사이엔가 돈을 버는 수단의 농업이 아니라, 농업을 하는 그 자체가 즐거운 목적이 된다.

'일본 농업의 내일은 없어도 내일모레는 있다'라고 말한 어느 농민의 말이 생각나는 새해 벽두다.

첫 봄의 따듯한 날씨
매화꽃 열린다

따뜻한 겨울 무엇이 일어날지 몰라

올 겨울은 따뜻하다. 아침에 일어나 보면 얇은 얼음도 서리도 적다. 덕분에 비가 많은 것을 제외하면 농작업은 비교적 하기 편하다. 예전에는 배달을 하려고 전날 거두어들였던 채소가 밤 사이에 실내에서 딱딱하게 얼어 할 수 없이 언 채 배달한 일도 있었다.

돌이켜보면 내가 어렸을 적에는 겨울에 추위가 매서웠던 것 같다. 논의 물길에 두꺼운 얼음이 얼어 큰 돌을 던져도 깨지지 않아, 얼음 위에 돌을 타고 앉아 미끄럼을 탄 적도 있었다. 큰 눈이 내려 사흘쯤 녹지 않고 눈으로 온 세상이 묻힌 적도 있었다. 그때와 견주면 정말 요즘 겨울은 겨울 같지 않다. 따듯한 겨울이라 배추나 무, 양파가 잘 자란다.

늦게 심은 상추도 잘 되어 속이 차기 시작한다. 마도 흙 속에서 굵어지고 있다. 예전에는 눈 녹은 물이 스며들어 마가 썩기 때문에 겉에 왕겨를 뿌리고 비닐을 씌워 추위를 막았지만 요즈음은 그냥 내버려두어도 월동을 할 수 있다.

이것은 이상 기온이고, 흔히 말하는 지구 온난화 현상은 아니라고 생각한다. 왜냐하면 올겨울 온 세계가 온난화한 것은 아니고 유럽에서는 한파가 불어 닥쳐 큰 눈이 내린 곳도 있기 때문이다. 자연환경에 전적으로 의존하면서 유기농업을 여러 해 하면서 절실히 생각하는 것은 해마다 이상 기온으로 무엇이 일어날지 알 수 없다는 것이다. 겨울은 따듯하고 여름은 비교적 서늘한 날씨에다 비가 올 때에는 계속 내리지만 오지 않을 때에는 며칠이고 가무는 심한 쏠림 현상이 있다. 전체적으로 농업은 하기 어려워지고 있다.

겨울은 역시 추운 게 좋다. 들도 산도 밭도 눈에 덮일 때도 있어야 한다.

집 아이들과 뽑는 무 길구나,
겨울은 따듯하다.

좌선 병든 마음 맑아지는 느낌

한 달에 두 번 이웃 마을 S절의 좌선 모임에 간다. 조용한 산속 절에서 벽을 마주보며 앉아 '아무 것도 생각하지 않도록 노력한다. '아무 것도 생각하지 않는다.'는 생각 자체를 갖지 않는 것이 바른 좌선이라고 하지만, 실제로는 그리 되기가 쉽지 않다.

좌선을 하면 하늘에 구름이 뜨듯이 차례차례 여러 가지 생각이나 상념이 저절로 떠오른다.

사람은 흔히 '~라고 생각한다' '~라고 본다' 등 자기 힘으로 생각한 것처럼 표현하지만 정말은 '생각'이나 '느낌'이 어디선가 '저절로 떠올랐다'라는 쪽이 옳지 않을까?

앉아 있노라면 또 들리는 소리에 매우 민감해지는 나 자신을 깨닫게 된다. 소나무 사이로 조용히 스치는 바람 소리, 추적추적 내리는 빗소리, 지나가는 밤 기차의 덜컹거리는 소리, 그리고 내 심장의 소리조차 들리는 듯한 느낌이다.

유기농업과 좌선이 어떻게 상관이 있는지 명확히는 알 수 없다. 어쨌건 농사 일이 바쁘면 바쁠수록 좌선 모임에 가고 싶은 마음이 든다.

지구 환경이 이상하게 되고, 자연이 병든 이상, 우리 마음의 세계도 눈에는 안 보이지만 나날의 스트레스 등이 원인이 되어 그 이상 병들고 있지 않은가?

일상생활에서는 언제나 마음이 집중되고, 긴장하고, 욕심을 부린다. 일상과 다른 마음을 쓰기 때문일까? 겨우 한 시간이라도 좌선을 마치면 마음이 개운하고 구김살이 펴지는 것 같다. 좌선이 끝난 뒤 한 잔 씩 돌아가는 술맛 또한 각별하다.

**차례차례 동박새 날아오는
추운 날 매화나무**

산에서 하는 일 총합 판단을 하게 되는 간벌

한파 습격. 흰 눈이 날리는 날은 밭일보다 산일이 즐겁다. 독감으로 학교가 며칠 문을 닫아, 장남을 데리고 산에 올랐다. 닭과 청둥오리 집이나 운동장을 만들 맹종죽이나 잡목을 베러 간 것이다.

먼저 예취기로 풀을 벤다. 다음에 전기톱으로 대나무나 나무를 쓰러뜨린다. 다음 집사람과 장남이 손도끼와 낫으로 가지를 친다. 마지막으로 내가 쓸 만한 크기로 자른다.

맹종죽이나 나무는 늘 베던 게 아니라 쉽지 않다. 뿌리의 뻗음새, 기울기, 주변 나무와 관계를 가늠하면서 쓰러지는 방향을 예측한다.

예측과 반대쪽으로 나무가 조금이라도 기울면 전기톱날이 꽉 끼어 꿈쩍도 않는다. 또 생각대로 잘 넘어가도 주변 나뭇가지에 걸리면 이것도 골치다. 무거운 나무는 꿈쩍도 하지 않는다.

장남에게 도끼와 톱을 사용하여 맹종죽을 쓰러뜨리는 요령을 가르쳤다. 나무를 쓰러뜨리는 방법과 마찬가지지만, 무게가 비교적 가볍고, 굵은 가지가 없는 데다 베기도 쉽다. 요령을 터득한 장남은 재미있으니까 일 반, 놀이 반으로 차례차례 베어 넘긴다. 하다가 싫증이 나면 맹종죽 아래 산딸기를 따서 입에 털어 넣는다. '어른(親)'이라는 글자는 나무 위에 서서 본다고 쓰지만, 이것은 멀리 내다보는 자세, 즉 전체 총합적 판단을 의미하는 것은 아닐까?

나무를 베는 것은 총합 판단이 따르는 일이다. 실천을 통하여 아이들에게 알려주면서 그런 생각이 들었다.

산일은 몸을 언제나 놀리는 동적인 일이다. 주의를 집중하고 힘이 들기 때문에, 조금만 해도 땀이 배어나온다. 일하는 것이 최고의 난방이다.

> 아이가 베어 넘긴
> 대나무 뿌리에
> 이른 딸기

보리농사 좋은 퇴비로 제 맛 내기

 며칠 전 보리를 밟았다. 보리는 밟으면 밟을수록 포기 수가 늘고 굵게 된다. 추운 날 보리밟기는 몸을 덥히는 농부의 스포츠다.
 쓸쓸한 일이지만 요즘은 보리 농사짓는 사람이 별로 많지 않다. 값싼 밀이 외국에서 수입되고, 그와 맞물려 국산 밀의 가격도 곤두박질치니, 농사를 지어도 수지가 안 맞는다. 거기에 조생종 쌀 재배가 늘어나고, 모내기철이 일러져서 보리 수확이 시기적으로 맞지 않는다.
 쌀 시장이 개방되고 값싼 외국쌀이 들어왔을 때, 벼도 보리와 같은 운명을 맞이할 것인가?
 나는 해마다 논 그루갈이로 밀을 심어 집에서 쓰고 배달도 한다. 화학비료나 농약, 제초제를 일체 쓰지 않고 퇴비만 쓰기 때문에 많은 수량은 기대할 수 없지만, 나름대로 수확은 있다.
 국산 밀이라고 상표가 붙은 밀가루가 이따금 팔리지만, 내가 알기로는 화학비료, 제초제, 농약을 일체 사용하지 않는 밀가루는 거의 없는 것 같다.

퇴비만으로 키운 밀가루에는 미묘한 맛의 차이가 있다. 부추를 썰어 넣고 프라이팬에 기름을 쳐서 굽기만 해도 정말 맛이 있다. 조미료를 넣을 필요가 전혀 없다.

원래 밀에는 밀의 맛이 있고, 쌀에는 쌀의 맛이 있고, 무에는 무의 맛이 있다. 그 맛을 내는 농법과 요리법, 즉 자연과의 관계가 중요하다.

수입 농산물이 아무리 있어도 사람은 진정한 풍요로움을 실감할 수 없을 것이다. 왜냐하면 자연의 은혜를 실감할 수 없기 때문이다. 살림 가운데서도 벼농사나 보리농사야말로 총체적인 살림이다.

> 입춘이 되어
> 봄빛이 퍼지는데
> 보리를 밟는다

감자 심기 튼튼한 싹 틔우기

　감자 심는 계절이 되었다. 올해는 날씨 혜택으로 밭흙이 푸석푸석 말라 심기에 편했다.
　아이들에게 각기 부엌칼을 들고 나오게 하여, 씨감자를 자르게 했다. 자른 감자는 따듯한 효소물에 담근다. 상자에 넣어 물기를 뺀 뒤 밭으로 옮긴다. 네 어린 아이들이 양동이에 담아 50cm씩 같은 간격으로 이랑 위에 놓는다. 나와 집사람이 그것을 흙 속에 밀어 넣고 흙을 두둑히 덮는다.
　아이들은 낮부터 놀러 나갔다가, 저녁 무렵 돌아와 아직 일이 덜 끝난 것을 보더니 별이 보일 때까지 도와주었다. 사흘 걸렸던 감자 심기가 하루만에 끝났다.
　살림과 일이 일체화한 유기농업에서 아이들은 저절로 부모 일에 끼어든다. 논도 또한 그들의 학교다. 신이 나서 일을 돕지는 않아도 할 수 없이 돕지는 않는다. 매우 자연스럽게 돕는다. 그게 좋다고 생각한다.

그래서 요즘 닭이나 오리 모이주기, 물주기, 알 모으기 같은 일들을 아이들에게 맡기고 있다. 사람 손이 안 가면 닭이 낳는 달걀 수도 준다. 풀 사료를 충분히 주면 알도 많이 낳고 달걀의 질도 좋게 된다. 노는 데 열중하여 모이 주기가 늦으면 닭이나 오리가 시끄럽게 운다. 일체를 맡기면 아이들은 생명과 접촉을 스스로 터득하게 된다.

감자를 심을 때 나는 그 자른 단면을 일부러 위를 향하게 한다. 그렇게 하면 싹은 한 번 아래로 내려갔다가 반전하여 지상으로 되올라온다. 그래서 굵고 생명력이 강한 싹만이 햇님을 바라게 된다. 그러면 늦서리에도 강하다.

감자 심는 날 바람이 차면
흙은 따듯하다

재미있는 농부 공화국
즐거운 세상 만들기 운동

며칠 전 오카야마 시에서 유기농업 전국대회에 참가하였을 때, 눈 내린 산골마을 이시카와현 이시카와군(石川郡) 도리코에촌(鳥城村) 야기하라(柳原) 농부 미야모토 시게오(官本重吾)씨 집을 방문하였다.

미야모토 씨는 14년간 근무하였던 큰 전기 메이커 회사를 퇴직한 다음 이곳 저곳 방랑하던 끝에 지금 장소에 자리를 잡고 농부 생활을 시작하였다.

농사를 지은 지 올해 18년. 논이 21,000평. 채소를 만들고 닭 8백 마리를 기르며 야기하라를 <재미있는 농부 공화국>이라 부르면서 전국의 농부 지망자를 받아들이고 있다.

미야모토 씨는 힘주어 말했다.

'요즘 여러 사회 문제의 원인은 멋진 농부생활이 시대에 뒤진 것, 힘든 것으로 버림받는 데 있어요. 사회 문제를 해결하는 근본적 방법은 시골에서 농부로 살아갈 수 있는 사회를 만드는 방법밖에 없습니다. 일본에 <재미있는 농부 공화국>의 깃발을 올려 <일본 농부 공화국 연방>을 만들어야 합니다.'

그는 농한기에 '새 일본 만들기 순례단'을 조직해 전국을 돌아다니면서 뜻있는 농부들과 술자리를 같이 하면서 농부 공화국 구상을 이야기한다. 때로는 큰 기업 문 앞에서 마이크를 잡고 '샐러리맨들아, 당장 회사를 때려치우고 농사를 짓자'고 연설을 한다.

또 「농부 천국」이라는 잡지를 정기적으로 발행한다. 매호 1만 부 이상 팔린다고 한다.

사각사각 눈이 내리는 밤, 난로를 둘러싸고 농부 공화국 구상을 이야기하면서 나도 오리농민 봉기로 도와 드리기를 약속했다.

그가 하는 말은 다소 과대망상이 있지만, 요즘 세상에서 눈앞의 이익만 생각하는 좁은 틀을 넘어, 즐거운 세상 만들기 운동으로 자각하는 농부의 공감을 얻으며 동료들이 늘어가고 있다.

깊은 산골 눈 내리는 마을
시냇물 흐르는 소리

농민관 농업을 얘기하는 거점

며칠 전 교토군 도요츠정(農津町)의 '농민관' 준공식이 열렸다. 농민관은 같은 지역 '재미있고 자유로운 농부' 신사토유키(進利行)씨가 '농부가 제 목소리를 자유롭게 얘기하는 거점을 만들자'라고 생각하여 만들었다.

도중에 대형 태풍으로 집이 무너져 좌절할 뻔 했지만, 2년의 세월이 걸려 혼자 힘으로 준공식에 이르게 되었다. 내부에는 고풍스러운 화덕이 놓여 그것을 중심으로 둘러앉아 술을 마시며 얘기하도록 설계되어 있다.

잔치에는 신씨의, 보조금에 일체 의지하지 않는 독립자조의 의기에 감동하여 큐슈, 야마구치에서 100명도 넘는 사람들이 모여들어 마시고 떠드는 큰 소동이 벌어졌다.

신씨는 자기 자신을 중핵 겸농이라 부르고 있다. 쌀, 보리, 딸기를 심으면서 직장으로 소방서에 근무한다. 게이치쿠 지방의 오리 벼농사 지도자기도 하다.

보통 행정용어로 중핵 농가란 3만평 이상 농사를 짓는 지역의 대표적 대규모 전업농가를 가리킨다. 농수성이 간행한 신농정계획서에는 소규모 농가의 토지를 중핵농가로 집약하여 대규모 농가를 만들고 가격 인하를 목표로 한다.

그와 반대로 신씨는 지역 농업이 활성화하려면 대농, 소농, 겸업, 전업도 모두 섞여 있어, 농부 수가 많은 것이 가장 중요하다는 인식으로 스스로 자신을 중핵 겸농이라면서 분투하는 것이다. 벚꽃이 만개할 무렵 전국 농부 공화국 유지들이 이 농민관에 모여 '진짜 농투성이 농민을 국회로 보내자'는 유쾌한 '밀담'을 나누었다.

농업의 위기시대라는 말이 돈 지 오래 되었지만 재미로 농사를 짓는 자유로운 농민도 각지에 태어나 그물망이 퍼지고 있다. 또 하나의 작은 농업의 지각 변동이 이미 시작하고 있다.

인간이 사는 세상
만남과 헤어짐 가운데
벚꽃은 핀다

고구마 두 세대가 일로 마음을 잇다

 벼 수확 작업이 끝나 내가 사는 마을에 다시 고요가 찾아왔다. 넓은 밭은 우리 집 아이들의 적당한 놀이터다. 학교나 유치원에서 돌아오자마자, 아이들은 우리가 일하는 논밭에 자전거를 타고 달려온다.
 전날 아이들과 함께 고구마 캐는 일을 하였다. 11월은 흔히 서리달이라고 한다. 첫 서리가 오기 전 고구마는 수확을 마치고 저장해야 한다.
 나는 트랙터에 장착한 굴삭기로 흙과 함께 고구마를 캔다. 집사람은 기계 뒤쪽에서 나오는 고구마가 흙에 묻히거나 잘리지 않도록 재빨리 집어올린다. 그것을 초등학교 다니는 장남과 유치원 둘째 아이가 차례로 나무 상자에 넣는다.
 밭 한쪽 가에서는 네 살배기 큰딸이, 채소바구니 속에서 놀고 있는 아홉 달 짜리 둘째 딸에게 꺾어 온 들꽃을 보이면서 어르고 있다.

일이 일단락되면 아이들은 마른 풀을 모아 고구마를 구어 먹는다. 하늘은 구름 한 점 없이 맑게 개인 날이다. 바쁘고 즐거운 우리 집 늦가을의 한때 모습이다.

 나는 아이들에게 되도록 일을 돕도록 한다. 덧붙여 할 말은 고구마 싹은 훈풍이 부는 5월의 이른 아침 아이들에게 모를 나누어주어 심게 한 것이다. 온갖 종류의 채소나 쌀을 만들고 닭이나 벌꿀을 치는 우리 유기농업에서는, 노인이나 어린이들에게 알맞은 일이 있다. 노인에게는 보람, 아이들은 일손 돕기다. 물론 농약이나 제초제, 화학비료는 일체 사용하지 않기 때문에 언제 어느 때 아이들이 논밭에 들어와도 좋나. 아이들은 언제나 딸기나 토마토를 밭에서 먹을 수 있다. 그것이 유기농업의 매력이다. 그리고 또 두 세대가 힘을 합쳐 일하는 모습은 좋은 풍경이고 농업의 진국이다.

도대체 현대 사회에서 부모는 아이에게 무엇을 가르칠 수 있을까? 교육의 '교(敎)'라는 글자는 아버지와 아들과 흙이라고 쓴다. 농부가 대지 위에 서서 자기 아이에게 일을 가르치는 모습은 아닐까?

 그렇기는 하나 요즘 논밭에서 일을 거들거나 노는 아이들이 매우 줄었다. 일본 논밭에서 아이들이 사라졌다고 한다. 도대체 이런 현상은 언제부터 시작된 것일까. 그것은 일본의 대지에 농약이나 제초제, 화학비료라는 편리하고 위험한 독물을 대량으로 사용하기 시작하고 나서부터 일 것이다. 그것은 또 경제의 고도성장과 궤도를 같이 한다.

 '노동이 병들 때 놀이도 병든다'라지만 그때 아이들의 놀이도 또한 어른들 일하는 모습에 영향을 받아 병든 것이 아닐까?

 일본의 논밭에 벌레나 고기나 새 그리고 아이들의 웃음소리가 돌아오는 유기농업을 나는 꿈꾸고 싶다.

 논밭에 아이들이 사라지면 누가 다음 세대의 농업을 떠맡을 것인가? 일본 농업의 규모 확대가 활발히 논의되지만 문제점은 어떻게 해결할 것인가가 아니라, 누가 하느냐에 있다.

11월 3일은 문화의 날. 말할 것도 없이 문화의 '컬쳐'란 '밭을 간다'는 의미다.

밭을 '간다'는 것은 마음을 가는 것이고, 동시에 일을 거드는 아이들의 마음을 가는 것이다. 우리는 돈만 내면 외국의 수입 농산물을 손에 넣을 수 있다. 그러나 일본의 논밭을 부모와 자식들이 갈았던 것 같이 외국의 논밭을 부모와 자식들이 갈 수는 없다. 돈과 경제의 관점이 아니라 더 넓은 입장에서 '일하는 것'을 생각해 보았으면 한다.

고구마를 굽는 연기 피어오르는
맑은 날씨

유기농업은 긴 눈으로

 감나무도 잎이 다 지고, 붉은 열매만 첫 겨울의 푸른 하늘에 유달리 눈에 띈다. 첫 서리가 내릴 무렵이 되었다.
 첫 서리를 경계로 밭의 모양이 달라지고 있다. 여름의 기억을 간직한 잡초나 채소들이 하룻밤새 서리로 시들어간다. 한편 서리가 내려도, 추운 바람 속에 굳건하게 푸름을 간직한 채소나 풀도 있다. 무, 당근, 배추, 시금치. 이들 겨울 채소는 서리로 오히려 맛이 드러난다. 더 달고 부드러워진다.
 다시 된서리가 내리면 벌레들이 적어진다. 요 3~4년 우리 논밭에서 충해나 병이 눈에 띄게 줄어들었다. 유기농업을 시작하고 나서 3년 동안은 충해나 병, 잡초로 힘들었다.
 특히 제초제를 안 치고 3년째 되던 해는 최고로 풀이 극성을 부렸다. 그리고 5~6년이 지나자 눈에 뜨게 줄어들었다. 그와 함께 흙의 생산력과 신비하게 맞물려 갔다.
 소비자 수도 늘고 있다. 십수 년, 작은 나의 실천만으로 진리를 말할 수는 없지만, 나 나름대로 유기농업의 원리를 생각해보고자 한다.

유기농업은 넓고 긴 눈으로 보아야 한다. 최저 10년의 세월이 필요하다. 간단히 1~2년의 테스트, 무농약으로 할 수 있다, 없다고 결론짓기는 이르다. 아이 기르기와 마찬가지로 자라나는 생명이기 때문이다.

일반적인 근대 농업의 발상 때문일까, 나는 이런 질문을 자주 받는다. '무농약인데도 잘 되었군요.' '이러다 해충이 크게 발생하여 채소나 벼가 전멸하게 되면 어떻게 하겠어요?' '완전 무농약이라고 하지만 조금은 농약을 쓰겠지요? 안 쓰면 도저히 안 되던데요.' '설마 화학비료는 쓰겠지요?' '제초제는 농약이 아니니까 써도 되겠지요?' '종자 소독이나 모는 농약을 쓰겠지요? 써도 먹을 때는 피해가 없다면서요?' '무농약으로 농사를 짓다간 먹고살기 어렵잖아요?'

결국 말의 차이는 있지만 완전 무농약이 과연 될 수 있을까 하는 뜻이다. 내가 10년 넘게 실천한 결론은 '농약, 화학비료, 제초제를 쓰고 제철을 무시하며, 수량을 올리려고 무리하게 밀식하여 하우스 등에서 이어짓기를 하니까 병이나 충해가 크게 발생한다. 자연계, 생명계에는 모든 것을 살리려는 우주적인 움직임이 있고 병이나 해충은 우리 인간에게 '흙 만들기나 재배 방법과 시기가 자연계의 법칙에 비추어 잘못되고 있어요'라고 경고하고 있는 것이다.

이렇게 쓰면 비과학적이라고 일축할지 모른다.

실제로 우리 논밭에 병이나 충해가 전혀 없지는 않다. 하지만 우리 채소나 쌀의 10%는 벌레나 미생물이 먹을 권리가 있다고 생각한다. 오해를 피하기 위하여 감히 말하지만, 나는 '벌레가 먹은 흔적이 있는 채소나 굽어진 오이야말로 무농약 안전성의 표시'라는 안이한 판단법에 편들 생각은 없다. 그것은 평론가의 상상적 의견이다.

벌레가 먹은 자취가 많은 것은 농약을 사용하지 않았기 때문이 아니라, 흙 만들기나 재배법이 잘못 되었기 때문이다. 오이가 구부러진 것은 흙이 나쁘기 때문에 뿌리 힘이 약하거나 양분, 수분의 부족 등이 원인이다. 유기농업의 본질과는 관계가 없다.

결국 채소나 쌀이나 달걀을, 논밭 돌려짓기를 포함하여 이어짓지 않고 소량 다품목으로 만드는 자급형 경영과, 외관보다 속내(맛이나 안전성)를 평가할 수 있는 소비자와의 직거래야말로 완전 무농약 유기농업에 적합한 유통방법이다.

내가 좋아하는 영국의 경제학자 슈마허 씨는 '작은 것이 아름답다'고 말하지만, 생명에 관한 한 스케일은 상관이 없다. 큰 것이 좋다고 꼭 말할 수 없다. 예를 들면, 토마토만 전문으로 대규모로 농사지어 완전 무농약으로 만들기는 쉽지 않을 것이다. 첫째, 이어짓기의 문제. 둘째, 경영 안전성의 문제. 셋째, 유통의 문제….

최근 감을 따는 사람이 없어 그대로 가지에 가득 달려 있는 감을 흔히 본다. 풍부하게 있는 무농약 감은 먹지 않고 비싼 돈을 주고 가게에서 사지 않는가. 감은 바로 일본 농업의 상징이다.

나무에 남아 있는 감은 붉은데
햇빛이 비치는구나

2부

오리 친구, 세계를 날다

경지 정리 이후 논은 대체로 100m×30m의 긴 네모꼴로 정리되었다. 그러나
논의 풍경은 획일적이고 단조로워 아무 재미도 없게 되었다.

그런 현대의 전원 풍경 가운데
우리 오리논은 완전히 다른 공간을 형성하고 있다.
우리 논에는 벼이삭이 황금빛으로 빛나고, 미꾸리를 건지고, 오리를 잡고,
논두렁에는 무화과가 검은 자줏빛으로 익는다.

한바닥 논에서 밥(벼)과 반찬(오리, 미꾸리)과 과일(무화과)을 동시에 수확한다.
우리 논은 아시아의 '혼잡 공간'으로 회귀해 간다.

생명 접촉하면 보인다

 서쪽 해를 받으면서 노란 은행잎이 조용히 땅에 떨어진다. 느티나무나 거먕옻나무도 붉게 물들기 시작하였다. 잡목림에는 나날이 점을 찍은 것 같이 붉은 잎의 영역이 넓어져 간다. 나날이 바라보기에 즐겁다.
 그런 붉은 잎과 보조를 맞추듯이 청둥오리 수놈이 변신한다. 올 여름 나는 천 마리 가까운 햇청둥오리를 논에 넣어 벼농사와 축산의 창조적 통일인 오리농사를 실천하였다. 여름 동안 청둥오리의 암수 구분은 겉으로 보아서 하기 어렵다.
 그런데 단풍철을 맞이하면 유독 수놈만 머리나 목의 털 또는 깃의 일부가 푸른색으로 빛난다. 아마도 암놈의 눈을 끌기 위해서일 것이다.
 청둥오리는 바로 이 때가 생후 6개월, 기름이 오르고 식용에 알맞은 때다. 곧 서리가 내리고 무나 배추, 파가 달게 된다. 오리냄비찌개의 계절이다.

그렇게 말하면 '뙤약볕 아래 열심히 논에서 일꾼으로 일했던 오리 친구를 잡아먹다니 가엾지도 않아요?'라고 걱정을 듣는 일도 있다.

'당신은 소고기나 돼지고기, 닭고기, 채소, 쌀도 먹을 것 아니에요? 그들은 불쌍하지 않습니까?' '청둥오리도 소도 돼지도 닭도 생선도 쌀도 채소도 인간도 생명은 하나 모두 같습니다.' 그런 때 나는 이렇게 대답한다.

아마도 문제의 본질은 청둥오리가 가엾다기보다 '왜 사람은 평상시 먹는 것에 대하여 가엾다고 생각하지 않는가'에 있을 것이다. 대량생산, 대량소비, 대량폐기. 쓰고 버리는 시대에 우리들은 '먹을거리'기 생명이라는 당연한 것을 보지 못하게 된 것이 아닌가.

그러면 왜 청둥오리가 가엾다고 생각하는가? 여름의 논에서 벼 포기 사이를 즐겁게 헤엄치는 청둥오리의 모습을 보았기 때문이다.

'생명의 접촉'이라는데, 생명은 접촉하면서 보이게 된다.

예전에는 어느 농가나 마당에 닭이나 양, 토끼, 소, 말을 키웠다. 날마다 그들을 돌보고 최후에는 먹었다. 가축과의 접촉을 통하여 우리들은 자연스럽게 생명에 대하여 느끼고 있었다.

그런데 현재는 가축은 없다. 닭이나 소, 돼지는 인가에서 떨어진 산속에서 다수 사육되고 있다. 집에서 기르는 짐승은 없다. 다수 기르는 가축은 어느 의미에서는 가축이 아닌지 모르겠다.

오리농사는 가축의 '재생(再生)'이다. 누구나 볼 수 있는 논 가운데 '가축'을 등장시키는 것이다. 그리고 청둥오리는 우리들에게 생명의 문제를 제기한 것이다.

오리의 깃털 짙푸르게
가을은 깊어간다

보리를 심다

　11월이 끝나려 한다. 온화한 맑은 날씨가 계속된다. 나는 벼를 거둔 논에 밀을 뿌리고 있다. 밀은 그루갈이, 벼는 걸갈이. 벼를 거둔 뒤 다음 해 모내기까지 논에 재배하는 작물을 그루갈이라고 한다. 나는 그루갈이로 밀, 양파, 감자, 무, 배추, 순무, 시금치를 부친다.

　논과 밭을 막연히 사람들은 나누기도 하지만, 논을 논만으로 고정적으로 생각할 필요는 없다. 물이 있으면 논이고 물이 없으면 밭으로 생각해도 좋다.

　다만 벼를 베고 난 직후, 논은 토양의 수분함유율이 높고 흙이 밭처럼 푸석푸석하지 않다. 그러니까 채소나 보리씨를 뿌려도 잠시 동안 생육이 좋지 않다. 그래서 그루갈이의 논을 말리는 연구가 필요하다. 트랙터에 두더지쟁기(서브소일러)라는 부착품을 붙여서 논의 흙을 폭 1센티 깊이 45센티 3미터 간격으로 짼다. 이렇게 하면 써레질 때 생겼던 논바닥이 갈라져 논이 마르게 된다.

그런 뒤 퇴비를 펴고 갈아서 밀을 뿌린다. 일주일 지나면 일제히 대지를 뚫고 보리싹이 나온다. 당연한 일이지만 신기하고 감동스럽다. 모든 것을 살리는 커다란 생명의 흐름을 느낀다.

6~7년 전에 어떤 제분회사의 영업사원이 우리 집에 왔다.

'밀을 만들어주세요.'

'왜요?'

'밀에는 여러 가지 종류가 있지만, 무농약 밀은 드물어요. 있다고 해도 그루갈이 하기 전 논에 농약을 치고 있어요. 그러면 의미가 없습니다. 오리농사를 한 논에 그루갈이로 밀을 만든 것이 필요해요.'

나는 전부터 밀농사를 지었지만, 이 영업사원의 말은 기뻤다. 우리 논의 밀은 모두 이 회사의 독일제 돌절구로 찧고 있다.

감자나 양파도 그루갈이를 하고 있다. 감자나 양파의 산지로 알려진 곳에는 이어짓기 때문에 병에 잘 걸려 농약을 쳐야 한다는 것이다.

나는 논에서 그루갈이를 하기 때문에 감자도 양파도 밀도 연작 장애가 없다. 논과 밭을 돌려가며 이용하는 것은 재미있다.

세계적으로 일본같이 쌀과 밀을 같은 경지에서 지을 수 있는 곳은 거의 없다.

**보리싹에 생명이 빛나는
겨울의 따뜻한 날씨**

겨울 채소들

나는 날마다 밭에서 일하고 있다.

등에 받는 따뜻한 태양빛에 모든 생명을 살리는 고마운 힘을 실감한다.

올 가을은 비가 질척거렸다. 그 보상이라도 하려는 듯 11월, 12월은 온화하고 맑은 날씨가 계속 되고 있다.

덕분에 가을장마로 씨 뿌림이 늦어진 가을, 겨울 채소도 순조롭게 자라기 시작하였다. 무, 배추, 순무, 상추, 당근, 우엉, 양배추, 브로콜리, 마, 칼리플라워, 마늘, 부추, 시금치, 소송채. 내 겨울 밭은 여러 채소로 푸짐하다. 나는 이랑마다 다른 종류의 채소를 심고 있다.

건강하게 자라는 것은 가을 겨울 채소만이 아니다. 여름채소 피망이 당당하게 자라고 있다. 이것도 두 달마다 수확하여 직거래하는 가정에 배달하고 있다. 여름채소가 가을에 수확되는 것은 지구 온난화의 상징이다.

집에서 만든 퇴비만 쓰기 때문에 우리 밭 채소들은 짙은 녹색이다. 건강한 빛깔이라고 생각된다. 약간 엷은 녹색 채소는 달고 맛있다. 엷은 녹색을 띄고 크게 키우는 것이 내 채소 만들기의 요령이다. 그러기 위하여 나는 채소 심는 간격을 넓게 하고 있다.

나는 가족을 위하여 모든 작물을 자급하고 있다. 집에서 먹는 것과 같은 것을 소비자에게 배달하고 있다. 그러니까 한 이랑마다 다른 종류의 채소를 심고 있다. 그것이 동시에 해충 대책이 되고 이어짓기 장애를 피하는 결과가 된다. 무엇보다 이렇게 여러 채소를 만드는 것이 즐겁다.

그런데 나는 15,000평 논 3분의 1(5,000평)에 채소를 심고 3분의 2(10,000평)에 오리농사를 짓는다. 3년 동안 채소를 지으면 그곳을 다시 논을 만들어 오리농사를 짓는다. 그리고 다른 3분의 1의 논에 채소를 심는다. 그런 논밭 돌려짓기를 오랫동안 해왔다.

밭에 채소만 여러 해 심으면 잡초가 늘고 해충이 늘고 이어짓기 때문에 생기는 병이 는다. 그래서 3년 밭으로 사용하면 다시 논을 만든다. 거기 벼를 심으면 벼만 계속 심던 논보다 튼튼하게 잘 자란다. 거꾸로 논을 밭으로 만들면 잡초나 해충 발생이 매우 적다. 예를 들면, 팔태충이 거의 안 생긴다.

논과 밭을 적절하게 전환하는 방법은 유기농업을 즐겁고 재미있게 하는 기술이다.

가을 햇볕 따듯한데
당근 붉고
겨울은 춥네

타이완

타이완의 하늘은 여름같이 푸르다. 연말의 바쁜 때에 초대되어 타이완에 갔다. 아열대인 곳이라 모내기가 2월, 그래서 12월에 오리농사 강연회를 개최하였을 것이다. 초대되면 나는 오리같이 어디든지 날아간다.

1992년 2월. 나는 가고시마 전국오리포럼에서 한 사람의 타이완 사람을 만나 서로 인사하였다. 천항야오(陳恒耀)씨.(58세)

천씨는 유기비료 만드는 일을 하고 있었다. 일본의 농업잡지 「현대농업」에 내가 3년 동안 연재한 '오리농사'를 애독하였다.

'타이완에 오시면 내가 안내하지요.' 그해 5월에 우리는 중국 타이완의 오리농사 조사 교류 여행을 떠날 예정이었다.

'강을 건너려는데 다가오는 배' '오리에 파(요리찜을 하려는데 오리가 파를 등에 지고 오니 안성맞춤이란 뜻. _옮긴이)' 우리들은 천씨의 안내로 타이완 북동부 이란(宜蘭)의 국립오리연구소를 방문하고, 내가 제창하는 오리농사에 대하여 이야기하였다. 어쩐 이유인지 그 뒤 10년 동안 타이완에 오리농사가 보급되었다는 소식은 전해지지 않았고, 천씨도 만나지 못했다.

그런데 요 2~3년 동안 '타이완에서 오리가 퍼지는 것 같다'는 소식을 듣게 되었다.

그리고 마침내 이번 12월, 12년 만에 천씨에게 타이완으로 초대된 것이다.

타이완 동부의 화리엔현 푸리향(富里鄕), 남부의 까오슝현(高熊縣) 메이농진(美濃鎭) 두 곳에서 오리농사 강연회가 개최되었다. 푸리는 긴 골짜기에 펼쳐진 논농사지대. 맥반석의 바위에서 흘러내리는 물은 맑고 미네랄이 풍부한 쌀의 농산지. 예전에는 일본에 쌀을 수출하였다. 메이농도 남부의 논농사지대. 쌀 맛이 좋기로 유명하다.

'타이완의 오리는 당신이 강연 때 보여준 슬라이드같이 넓은 논에 넣으면 어디론가 가서 두 번 다시 휴식 장소에 돌아오지 않아요.'

'그래요? 일본이나 한국이나 중국이나 베트남이나 필리핀 등 어느 나라 오리도 돌아오는데요..'

두 회의장 모두 백 명 가까운 참가자가 왔고, 즐거운 열기에 가득 차 질문이 끊이지 않았다. 이미 유기쌀이 생산되는 논은 손으로 김을 맨다고 한다.

중국이나 대만에서는 전통적인 오리농사를 '벼논 오리 기르기(稻田養鴨)'라고 한다. 오리 벼농사는 '벼 오리 공작(稻田共作)'이라고 번역하고 있다. 모내기가 끝난 3월에 나는 다시 이 곳을 방문한다. 아름다운 산을 배경으로 '벼 오리 공작'이 시작되었을까?

사람과 사람의 만남은 뒤돌아보면 단순한 우연이 아니라 모두 필연인 것 같다. 이것도 생명의 접촉이다. 천씨의 경우도 그렇다.

다이완의 겨울
푸른 하늘 사방에
꽃은 붉구나

직판한다는 것

　새해 초, 하카다의 직판장에서 사흘 동안 우리 집 채소와 오리즙을 팔게 되었다.
　나와 장남 류타로(陸太郎)가 채소, 쌀, 밀가루, 떡, 오리고기를 팔고 집사람과 우리 집 여성 연수생이 오리밥, 오리즙, 오리떡국을 팔았다.
　매장의 평수가 넓어, 우리 말고 네 가게가 채소와 가공품을 팔았다. 그곳은 상설가게인 듯, 가짓수도 양도 많고 무엇보다 진열이 화려했다. 손님들도 단골인 듯 거의 우리 매장을 그냥 지나쳐 다른 매장으로 발길을 향했다.
　나는 어쨌건 채소를 시식하게 하였다. 빨간 당근, 흰 무, 자줏빛 순무를 막대모양으로 잘라 종이컵에 세워 채소 앞에 놓았다. '어서오세요. 27년 동안 유기농업을 하고 있습니다. 우리 당근을 한 번 시식해보세요. 먹지 않으면 맛을 알 수 없습니다.' 나와 장남은 아침부터 밤까지 큰 소리로 선전을 하였다.

가족 나들이로 나왔다가 처음 시식을 하려 손을 뻗치는 것은 대개 작은 어린이들이었다. 눈높이가 시식하는 종이컵에 가깝기 때문일까.

'맛이 어땠어요?'

'달아요.'

'맛있어요.'

아이들은 웃는 얼굴이었다.

그와 대조적으로 어른들은 망설이는 마음 때문인지, 잎이 붙은 채소 앞에 되는 대로 썰어놓은 채소가 좀 불결하게 생각되었는지, 먹어 보는 사람은 의외로 적었다.

그러나 시식해 본 사람은 이구동성으로 말했다. '당근이 이렇게 맛있는 줄 몰랐어요.' '이 붉은 순무는 자르기만 한 거예요?' '무가 다네요.'

결국 시식한 사람은 50명에 한 사람 꼴이었다. 나는 일상 직거래를 하는 특정 소수의 소비자 여러분에게 세트로 채소를 배달하거나 택배편으로 보내고 있다. 이 직매하는 사흘 동안 나는 불특정 다수의 사람들에게 채소를 파는 것이 얼마나 어려운가 잘 알 수 있었다.

'엄마, 당근' 작은 여자 아이가 열심히 뭔가 찾고 있는 어머니의 흰 코트를 뒤에서 잡아당기면서 우리 직매장까지 데리고 왔다. 젊은 어머니는 '이 아이는 여느 때 당근을 먹지 않는데 별일이네?' 라고 이상해하는 표정으로 당근을 한 다발 샀다. 이 작은 여자 아이는 한 번 우리 당근을 시식하고 나서 다시 먹고 싶어 돌아온 것이다.

어른과는 생명의 접촉이 잘 이루어지지 않는 거리감을 느꼈으나, 어린이들의 웃는 얼굴이 이 겨울날 최고의 구원이었다.

당근을 맛있다고 말하는
어린 아이 웃는 얼굴

포도나무 아래에서

쉽게 여닫을 수 있는 흰 천 아래 처진 철사 위를 포도가지가 방사형으로 자라 전면에 퍼져 있었다. 겨울인데도 가지에는 파란 잎이 가득 붙어 있었다. 때때로 갈색의 마른 잎이 조용히 떨어지고 있었다.

바닥은 판자고, 포도나무는 주변의 유리창 옆과 마루에 구멍을 뚫어 심겨져 있었다.

고급 음식점 '포도나무'에는 포도의 유리온실이 고스란히 그 장소에서 결혼식도 할 수 있을 만큼 훌륭한 고급 음식점으로 변신해 있었다. 마치 마법같다.

내가 제창하는 오리농법은 이용하지 않는 논 공간을 유효하게 이용하는 것이다. 이 고급 음식점은 이용하지 않는 포도원의 공간을 유효하게 이용하는 것. 이용하는 손님이 오리와 사람이라는 차이뿐이다.

전날 이 고급 음식점에서 우리 집의 오리를 사용한 오리요리 시식회가 열렸다. 포도나무와 후코오카 오리농법회의 공동 개최다. 참가비 5000엔이었으나 100명이 넘는 참가자가 있었다.

식탁 위에는 오리의 테리누, 오리의 더치오븐 등 20 종류의 오리 요리가 화려하게 꾸며져 있었다.

술은 와인, 맥주, 소주가 있었으나 일본 술은 '일조만보(一鳥萬寶)'로 우리 쌀을 사용한 '오리자연주'이다.

오리고기는 소고기나 돼지고기보다 산뜻하지만 닭고기보다 농후한 맛이 있다. 참가자 모두 오리 풀코스로 제 맛을 충분히 감상하였다.

나 자신 여러 해 동안 오리농사를 지어왔지만 이만큼 많은 오리요리를 동시에 먹어보기는 처음이라 감동하였다. 양념도 묽게 하여 오리고기의 맛과 채소의 맛을 그대로 살렸다.

이 고급 음식점은 창의적으로 연구하여 독창적인 오리요리를 만들고 있다. 일본에서 제일가는 오리요리점을 목표로 한단다.

아시아의 벼논지대를 다녀 보면 어디나 오리가 있다. 오리고기나 알은 값이 싸고 사람들은 일상 그것을 먹고 있다. 흥미 있는 것은 아시아 중에서 일본만이 마치 '진공지대'처럼 오리나 청둥오리를 평소에 먹는 '오리 식문화' 먹을거리의 산맥에서 쏙 빠져 있다.

'오리 식문화'를 일본에서 만들어가기는 간단치 않은 것 같다. 고급 요리점 '포도나무'의 새로운 도전이 그 계기가 될 것 같다. 한 그루의 나무에서 하늘에 가지를 펼치는 포도나무가 그것을 암시하는 듯 하다.

보리 밟으면 차디찬 바람
기분 좋구나!

오리 친구, 스위스로 날다

1월26일~30일까지 스위스의 스키 리조트 다보스에서 세계경제포럼(WFF 통칭 다보스회의)이 개최되어 나도 참석하였다.

WFF는 스위스의 주네부 대학의 크라우스 슈와프 교수가 제창하여 설립되었다. 1971년 이후 다보스에 세계의 재정계의 톱 리더, 학자, 예술가가 모여 세계경제를 중심으로 다양한 문제를 토의하는 세계 최대의 회의다.

나는 '사회 혁신자(Social Entrepreneur)'로 2002년의 뉴욕 WFF 이후 계속 초대되고 있다.

이번은 세계 96개국에서 2,250명이 참가하여 대성황이었다. 미국의 마이크로소프트사의 회장 빌 게이츠씨, 블레어 영국 수상, 룰라 브라질 대통령, 슈뢰더 독일 수상, 유쉔코 우크라이나 새 대통령의 얼굴이 보이고 프랑스의 시라크 대통령은 헬리콥터가 뜨지 않아 위성중계로 참가하였다. 세계를 이끄는 쟁쟁한 지도자들이 참가하고 있다.

WFF의 직원에게 물었다. 연회비는 약 3백만 엔. 참가비는 약 100만 엔. 기업의 규모에 따라 자격도 있다고 하며 내가 사는 큐슈의 기업 가운데는 한 회사 정도라고 한다.

 이번 회의는 경비진이 5천명이라 하여 놀랐다. 그렇게 큰 회의에 나와 같은 아시아의 작은 벼농사 농민이 왜 초청되었는가 잘 알 수 없는 점도 있다. 사회 혁신자로 초청된 이유는 오리혁명(Duck Revolution)으로 되어 있다.

 이번 참가자 중 700명이 세계가 직면하고 있는 가장 중요한 과제를 컴퓨터로 앙케이트하였다. 결과는 1위 가난 66.4%, 2위 공평한 세계 무역(globarization) 54.9%, 3위 기후변동 51.2%, 4위 교육 43.9%, 5위 중동문제 43.7%, 6위 세계통치 43.2%로 되어 있었다. 700명 중에는 세계의 엘리트 실업가가 대부분으로

오리 친구, 세계를 날다

생각되는데 '가난'이 66.4%로 제1위의 가장 중요한 문제로 꼽힌 것은 뜻밖이었다. 빈부의 양극화가 계속되는 세계의 반영일까.

제2위의 공평한 세계 무역 54.9%는 세계 무역을 권하는 사람들(엘리트)에게 당연한 숫자일 것이다. '세계 무역이야말로 사회를 개선하고 개발도상국을 가난으로부터 구출한다. 식량을 자유 무역화하면 세계에서 3억 인이 가난으로부터 탈출할 수 있다…'는 것이다. 여기 참가하는 대다수의 엘리트 실업가들은 세계화 속에서 많은 나라의 농민이 고통을 받는 사실을 알지 못하든지 무시하는 듯한 느낌을 받았다. 다음 다보스 회의에서는 가난과 세계화의 관계를 더 깊이 논의하였으면 싶다.

WFF를 마친 뒤, 다보스로부터 공항에 있는 쮜리히까지 기차로 3시간 달렸다. 차창에서 내다본 풍경은 그림 같이 아름다웠다. 눈 내린 골짜기에 작은 농가가 띄엄띄엄 흩어져 있었다. 넓은 프랑스나 독일과 견주면 경사지가 많은 스위스는 유럽 중에서도 농업 조건은 불리하다. 스위스의 농민은 세계화에 어떻게 맞서고 있을까.

다보스 같은 것은 잊게 하는
높은 산
흰 눈

오리와 퍼머컬쳐의 만남

1994년 늦가을, 나는 베트남의 수도 하노이를 다녀왔다. 국제회의장에서 개최하는 VAC(베트남농업협회) 세계대회에 참가하기 위해서다.

VAC 시스템은 베트남 북부의 홍하 델타의 저습지에서 시작되었다. 델타의 저습지 진흙을 파서 주변에 퍼 올려 연못을 만든다. 연못 속에 고기를 기르고 주변에 복토한 흙에 과수나 채소를 재배하고 돼지, 오리를 기른다. 그 분뇨가 영양원이 되어 연못 속에 플랑크톤이 발생하고 고기가 그것을 먹는다. 비옥한 연못의 흙은 채소나 과수의 비료가 된다. VAC 시스템은 수산과 원예와 축산을 통합하는 베트남의 전통적 순환농업이다.

베트남으로 떠나기 전날, 나는 하카다의 서점에서 빌 모리슨이 지은 『퍼머컬쳐』라는 책을 우연히 발견하여 구입하였다.

이번 대회에서 나는 JVC(일본국제자원자센터)의 협력을 얻어 내가 제창하는 오리농법을 슬라이드를 보이며 발표하였다. 확실히 이 대회는 유엔과 VAC(베트남농업협회)의 공동개최고 참가자는 베트남 각 성에서 200명, FAO(국제식량기구) 등에서 유럽, 미국인 50명 규모에 동시통역이 딸린 본격적 국제회의였다. 벼와 오리의 나라 베트남의 참가자는 나의 이야기에 많은 관심을 보였다. 벼농사를 짓지 않는 유럽, 미국인은 내 영어가 서툰 점도 있어 내 이야기를 잘 이해하지 못한 듯 하였다.

내 강연이 끝났을 때, 긴 턱수염이 난 체격이 큰 유럽인이 내 앞에서 벌떡 일어나 '굳 아이디어' 라면서 웃는 얼굴로 칭찬해 주었다.

뜻밖에 그 사람이야말로 내가 하카다의 서점에서 산『퍼머컬쳐』의 저자 빌 모리슨이었다. 마치 꿈을 꾼 것 같았다. 나는 예전에 책에서 읽은 융의 싱크로니시티(의미 있는 우연의 일치)라는 말이 생각났다.

퍼머컬쳐는 빌 모리슨이 창시한 영속적 유기농업으로 세계 중에 3만 명의 회원이 있고, 널리 알려져 있다.

1996년 빌은 일본 어느 싱크탱크에 초청되어 유엔 대학 등 일본 각지에서 강연하였다. 그 뒤 약혼자 리사와 함께 큐슈의 시골 구석 우리 집을 방문하였다. 무를 뽑고 채소 배달을 도우며, 아이들과 놀고, 늦가을의 일주일을 우리 집에서 여유 있게 보냈다.

'아시아나 아프리카의 가족 농업자 대상으로 오리농법 책을 영어로 퍼머컬쳐 협회에서 출판하는 게 어떠냐' 라고 빌은 나에게 권고하였다.

'왜 오스트레일리아 사람인 당신이 벼농사 책을 권고합니까?' '오리농법은 퍼머컬쳐의 원리를 가장 구체적으로 표현한 농법이기 때문이요.' 라고 빌은 장난스럽게 웃으면서 대답하였다. 빌은 온 세계를 여행하면서 전통농업을 배우고 퍼머컬쳐의 체계를 모색하고 있었다. 나는 즉석에서 오케이 하였다.

그 뒤, 빌 모리슨이 대동맥근종에 걸리는 등 여러 사정이 있었지만, 2001년 미국인 톰 에스킬센씨의 번역으로 『The Power of Duck』이라는 제목으로 오스트레일리아 출판사에서 출판하였다.

이 책은 세계의 영어권 나라에서 판매되어, 나는 세계의 많은 사람들과 친구가 되었다. 물론 이 책은 아시아 사람들과의 교류에 크게 도움이 되고 있다.

내가 SE(사회적 혁신자)로 지명되어 WEF(세계경제포럼 통칭 다보스 회의)에 초대받게 된 것도 이 책이 계기가 되었다. 이번 WEF에 나는 파라과이에 초대되었다. 오리 친구가 남아메리카까지 날게 된 것이다.

역시 빌과의 만남은 씽크로니시티(생명이 만나는 특별한 형태)였다고 생각한다. 그 빌과 리사가 올해 6월 환경엑스포에 초대되어 일본을 방문하고 다시 우리 집에 온다고 한다. 그런 이메일이 우리 집에 왔다.

이른 봄, 잔설 가운데
눈 녹은 밭에서 우엉을 캔다.

논두렁에 무화과

나는 해마다 이른 봄 오리논두렁에 무화과를 심는다. 어제는 그 순을 집었다. 무화과는 모든 가지에 열매를 맺는다. 그러니까 대충 순을 집어도 상관없다. 모는 순을 집은 가지를 땅에 꽂으면 간단히 뿌리를 내린다. 부는 바람은 차지만 햇빛은 밝다. 봄을 예감하는 이 계절, 가지치기는 나름대로 즐겁다.

백성백작(百姓白作, 백 가지 농작물을 가꾸는 백성 _옮긴이)의 내 유기농업은 일년 중 여러 일이 있다.

1950년대 경지정리를 하기 전 우리 마을의 논은 모양이 다양했다. 세모꼴, 바나나꼴, 부채꼴, 긴 막대꼴 등 여러 모습이었다. 논의 높낮이도 제각각이었다. 논 한복판을 손으로 판 배수로가 흐르고 있었다. 그 사이사이 버드나무가 자랐다. 그 당시 논의 둑에는 감나무나 치자나무가 여기 저기 자라고 있었다.

경지 정리 이후 논은 대체로 100m×30m의 긴 네모꼴로 정리되었다. 그래서 트럭터나 이앙기, 콤바인 등 기계작업의 효과를 올릴 수 있었다.

그러나 논의 풍경은 획일적이고 단조로워 아무 재미도 없게 되었다. 일본에서 가장 보기 지루한 풍경이 전개되고 있다.

그런 현대의 전원 풍경 가운데 우리 오리논은 완전히 다른 공간을 형성하고 있다. 8월 말, 우리 논에는 벼이삭이 황금빛으로 빛나고, 미꾸리를 건지고 오리를 잡고 논두렁에는 무화과가 검은 자줏빛으로 익는다. 한바닥 논에서 밥(벼)과 반찬(오리, 미꾸리)과 과일(무화과)이 동시에 수확된다.

요 앞서 '우연의 일치'에서 소개한 퍼머컬쳐의 창시자 빌 모리슨 씨는 '푸드 정글'이라는 개념을 제기하고 있다. 우리 논은 아시아의 '혼잡 공간'으로 회귀해 간다. 논두렁의 무화과 가지치기는 '논 푸드 정글' 만들기의 즐거운 첫 걸음이다.

그런데 지난 번 「오리 친구 스위스로 날다」를 읽고 스위스에 거주하는 마이어 마유미(滿由美) 씨로부터 팩스를 받았다. '스위스에서는 국내의 제철 과일이나 채소를 보호하려 채소 수확철에는 외국에서 채소 수입은 모두 정지된다. 그 시기는 수입 채소에

특별세가 붙는다. 슈퍼에는 국내산밖에 진열되지 않는다. 딸기는 5월14일까지 외국산 딸기가 슈퍼에 가득 차지만 15일부터는 국산 딸기만 진열된다. 스위스산 딸기가 나오면 '국산이 나왔네' 라면서 안심하고 기쁘게 우리들은 삽니다.' 라고 쓰여 있었다.

국제기관과 국제회의가 집중되고 있는 스위스에서 세계화에 대항하기 위하여 이런 글로칼(세계+지역화)한 농업정책이 실천되고 있다. 참으로 유쾌하다.

봄바람 속에
봄 편지로 열리는 복숭아꽃

맛있는 배추의 종다리꽃

 봄 3월, 엔가천(遠賀川)의 둑에 유채꽃이 피기 시작하였다. 우리 밭의 채소들도 다투듯이 자라기 시작하였다. 봄바람에 불려 무, 배추, 소송채, 루코라 등 유채과 채소가 망울이 생기며 줄기를 뻗친다. 얼마 있으면 당근, 양파, 시금치도 잎들이 자라겠지.
 이 시기에 우리 밭은 노랑이나 흰 빛의 채소들 종다리가 화려하다. 꽃대는 질기고 굳어 수확할 수 있는 채소는 적다. 3월은 춘궁기인 셈이다.
 '지난 주 배달해주신 채소, 달고 맛이 있었습니다. 손님들에게 대접하였더니 모두 놀라더군요. 그건 무엇이었어요? 새로운 채소인지요?'
 유기농업을 시작하고 3년 되던 해, 나는 어떤 소비자로부터 질문을 받았다. 나는 어물어물 '예… 그렇지요.'라고 대답하였다. 실은 그것은 가을 씨뿌림이 늦어 배추 속이 차지 않고, 겨울 추위에 항복하듯이 잎이 퍼진 실패작 배추였다.

배추는 결구하면 태양빛이 내부에 스미지 못하고 잎만이 희게 되어 국거리의 맛이 나온다. 한편 결구하지 않고 태양빛을 많이 쬔 배추는 녹색이 아름답고 달아 그 나름으로 맛이 있다.

그때 이후, 나는 제 모습이 안 나와 잎이 퍼진 배추도 당당히 소비자에게 배송하고 있다.

내버려두면 이렇게 잎이 퍼진 배추도 종다리가 나온다. 속이 찬 배추는 처음에 배추의 꼭지가 부풀어 올라 잎을 젖히고 꽃망울이 나타난다. 그래서 꽃망울로부터 15~20cm쯤 아래를 수확한다. 수확 후 3~4일이 지나면 곁눈의 꽃망울이 나온다. 이것도 차례로 수확한다.

요즘에는 꽃대 전용의 '나바나'라는 품종의 채소가 있지만, 배추의 종다리쪽이 훨씬 맛이 있다. 다마고도지(국 건더기 등에 달걀을 풀어 얹어 엉기게 한 요리)를 만들면 훨씬 좋은 맛이 난다.

이런 식으로 꽃대가 선 종다리를 차례로 수확하면 결구한 배추를 파는 것보다 더 값을 받으니까 재미있다. 종다리를 수확한 배추는 마지막으로 닭이나 오리의 녹사료로 준다. 우리 집의 유기농업은 벼농사, 축산, 채소를 결합시켜 순환하고 있다.

요즘에는 배추 정식이 늦어도 별로 신경이 쓰이지 않는다. 속이 차 그대로 팔면 좋고, 안 되면 식용 종다리를 배송하면 된다.

이런 탄력적인 대응이 가능한 것은 제철 채소를 세트로 구입해주시는 소비자의 존재가 있기 때문이다.

종다리꽃으로
마음의 긴장이 빠져나가네.

왜 잡풀은 자라는가?

봄은 언제나 갑자기 찾아온다. 유채꽃에 눈이 내리듯 추운 날이 계속 되다가, 4월에 이르러 갑자기 따뜻하게 되었다. 봄빛 속에 흰 목련이 아름답다. 벚꽃도 피기 시작하였다.

밭에는 스낵용 완두콩이 키재기를 시작한다. 황색의 미나리아재비, 붉은자줏빛 광대나물, 흰 냉이꽃, 담황색의 갈퀴덩굴, 잡풀도 봄에는 온갖 꽃이 핀다. 이들 잡풀이 일제히 공세로 전환하였다. 이대로 내버려두면 스낵 완두콩의 줄기와 잡풀이 엉키고 잡풀을 뽑으면 스낵 완두콩의 줄기가 부러지거나 뿌리가 잘린다. 어떻게 손 써 볼 도리가 없게 된다. 그래서 하루 종일 풀을 맸다.

유기농업의 일 가운데 나는 풀매기를 가장 좋아한다. 혼자면 천천히 이런저런 생각을 할 수 있다. 여럿이면 이야기를 할 수 있다. 기계를 사용하는 작업에서는 그렇게 할 수 없다.

나는 풀을 뽑으면서 잡풀에 대하여 생각하였다. 도대체 잡풀은 왜 나는 것일까. '생태계는 매우 단순하여 불안정하지만 성장력이 큰 단계에서 매우 복잡 다양하게 안정된 평형상태로 옮겨간다.' 이것이 생태계 진화의 일반 법칙이다.

밭에 스낵 완두를 정식한 시점에서는 이 두둑에 스낵 완두말고 다른 식물이 없었다. 단순하고 불안정한 생태계였다. 그곳에 다양한 잡풀이 생겨 생태계 진화의 방향이 다양해졌다. 요컨대 잡풀도 해충도 자연의 다양성을 회복하려고 하는 것이다.

농업은 생태계 진화의 법칙을 따르면서 이 법칙을 인공적으로 억제하려고 한다. 그러기 위하여 노동력을 투입한다. 나의 경우 스낵 완두콩의 제초작업이다.

요즘 '농업은 환경을 지킨다'는 표현이 자주 쓰이지만 생태계 진화의 일반 법칙으로 비추어 보면, 이 표현은 좀 이상한 말이다. 농업은 다양해지려고 하는 환경을 오히려 억누르고 있다. 잡풀이나 해충이 생태계를 다양하게 하는 활동을 하는 것을 사람은 자기 필요에 맞추어 무시해서는 안 되리라 생각한다.

**사람 사는 세상 만남과 헤어짐,
벚꽃만 핀다.**

타이완 다시 방문

첫 여름 바람이 불어 빠져나가는 논 가운데 즐겁게 흰 오리가 헤엄치고 있었다. 타이완 북동부의 이란현(宜蘭縣) 차오지군(礁溪郡) 싼민촌(三民村) 룽청(龍成) 씨는 오리부화장을 경영하면서 오리 농사를 짓고 있었다. 면적은 30,000평. 형제 몫을 합치면 60,000평. 대만에서 최대 면적이다.

'체험 농목향토정회(農牧鄕土情懷)'라고 그의 팜플렛에 적혀 있다. 오리 그린투어리즘이다. 타이베이 등의 도시 소비자를 받아들여 오리 농법을 체험, 숙박시키고 있다. 같은 기술도 나라가 다르면 다르게 전개되어 그 점이 흥미롭다.

그는 1992년에 국립 오리연구소에서 개최한 내 강연을 듣고 오리 농사를 시작하였다. '어, 그런 사람도 있었던가?' 이번에 처음 그 사실을 알았다. 정원의 돌비에는 '나는 오리를 기르고 오리는 나를 기른다(我養鴨 鴨養我)'라고 쓰여 있었다. 'We are farmers' 우리들은 곧 마음이 통했다. 그의 아들이 병역을 마치면 오리농법의 연수생으로 우리 집에 파견한다고 한다.

타이완 제2의 도시 까오슝(高雄)에서 북동쪽으로 한 시간 달리면 메이눙(美濃) 촌에 도착한다. 이곳은 천수이볜 정권의 댐 공사를 저지시킨 것으로 유명한 마을. 안내인 역을 맡은 타이완 사람이 '자, 논을 보러 갑시다.' 라고 말했다. 그런데 어쩐 일인지 '수치과의원' 앞에 멈추었다. 그리고 안에 들어갔다. 치료 기자재가 즐비한 의원 가운데를 지나쳐 뒷문을 열었다. 거기에 논이 펼쳐지고 흰 오리가 꽥꽥 울면서 헤엄치고 있었다.

뜻밖에 치과의사 수만샹(徐滿祥) 선생은 12월에 그곳에서 한 나의 강연을 듣고 CD를 몇 번이나 다시 보면서 의원 뒷논에 오리 농사를 시작한 것이다. 그는 자연의학에 흥미가 있고 지역의 유기농업연구회 회원이다. 타이완에도 괴짜 의사가 있다.

타이완 남부의 펑동현(屏東縣) 치수완은 예전에는 제당과 바나나로 번성하던 곳이다. 이곳에 홍치 슈지엔(鴻旗休間) 유기농장이 있다. 슈티엔라이(許天來)씨가 농장주인. 학교 교사를 정년퇴직하고 이 농장을 개척하였다. 바나나를 중심으로 여러 가지 작물을 짓고 있다.

어느 때 현 시험장의 기술자가 찾아와 '바나나 연작 장애를 방지하기 위하여 밭에 물을 넣으면 좋다.'라고 슈씨에게 조언하였다. 슈씨는 지난 해 12월에 나의 오리농법 강연을 듣고 '이왕 물을 넣을 바에야 벼를 심자. 어차피 벼를 심을 바에야 오리를 넣자.'고 생각하여 바나나밭을 논으로 만들고 오리농법을 시작하였다. 슈씨의 벼는 오리벼답게 튼튼하게 줄기가 자라고 있었다.

우리가 타이완을 한 바퀴 돌면서 보았던 벼 가운데 가장 잘 자란 벼였다. 슈씨는 태어나고 처음 심은 벼라고 한다. 슈씨가 대단한지, 오리 친구가 대단한지 일본과 타이완의 참가자 일동이 놀랐다. 슈씨의 집 기둥에는 '구름을 보고 비를 예측한다(觀雲測雨)'고 써 있었다. 무언가 즐거운 기분이 되었다.

타이완을 한 바퀴 돌았다. 오리농법이 성공한 것은 아니었다. 우리가 견학하는 당일에 서둘러 오리를 논에 넣은 곳이라든지, 오리와 벼 모의 크기가 균형을 못 맞추어 모가 상한 곳, 오리가 모를 먹은 곳도 여러 곳 있었다.

그것은 그대로 좋다고 생각한다. 룽칭, 수씨, 슈씨 세 사람이 착실히 하면 타이완에서도 오리농사는 성공할 것을 증명하기 때문이다.

1992년 우리는 셋째 딸 아스카(明日香, 생후 6개월)를 타이완에 데리고 갔다. 이번에도 '아스카를 데리고 갑시다.'라고 집사람이 나에게 제안하였다. 요즘 농작업과 채소 배달에 바빴던 우리들. 클럽 활동인 유도와 학원 교육으로 바쁜 아스카. 반항기에 접어든 아스카와 타이완에 5일간을 여유 있게 보내자는 것이다.

타이완에서 아스카는 잘 먹고, 잘 자고, 잘 보고, 잘 웃었다. 그 때문인지 귀국한 뒤 상당히 안정된 생활을 보낸다. 그런대로 집사람의 '속셈'이 성공한 듯하다.

귀국하는 나를 기다리듯
벚꽃이 활짝

시음회

 5월의 높은 하늘에 고이노보리(단오절에 올리는 천 또는 종이로 만든 잉어)가 헤엄치고 있다.
 나는 날마다 여름 채소를 정식하고 있다.
 지난 달 '일조만보(새 한 마리가 일만 보배라는 뜻으로 오리쌀로 만든 술의 상표)'의 시음회가 개최되었다. '일조만보'는 오리자연술. 우리가 만든 오리쌀을 원료로 한 순수한 쌀술로 이웃 마을 미즈호기쿠(瑞穗菊) 양조장에서 만들고 있다.
 1994년 나는 어떤 모임에서 미즈호기쿠 양조장 전무 오노야마 요헤이(小野山洋平)씨를 만났다.
 '우리 오리쌀로 술을 만들어 보지 그래요?' 나는 오리농사를 시작한 이후 우리 논에서 나온 술을 마시고, 어디나 그것을 선물로 가지고 갔으면 했다. 여러 양조장을 찾았지만 어디서나 정중하게 거절당했다.

그런데 고노야마씨는 '양조장의 운명을 걸고 만들겠습니다.' 라고 단언했다. 그리고 그 의지를 나타내듯 양조장 벽에 크게 '일조만보'라 써 붙였다. '일조만보'는 해마다 꾸준히 팔리고 있다.'

내 쌀로 술을 만들고 나서부터 비로소 알게 되었다. 술은 해마다 미묘하게 그 맛이 다르다는 것을. 일찍이 나는 시판하는 보통 술에 만든 해에 따라 미묘한 맛의 차이를 느낀 적은 한 번도 없었다. 이번에 '참가' 하면서 그 당연한 사실을 알게 된 것이다.

2002년 12월, 동경 마루노우치 안의 고급식당 '미쿠니 마루노우치'에서 우리 집 오리를 사용한 슬로우푸드 파티가 개최되었다. 나는 파티를 시작하기 전에 슬라이드를 사용하여 오리농법의 강연을 하였다. 그 때문인지 건배하는 샴페인이 유달리 맛이 있었다. 마시면서 나는 이 건배하는 술을 '일조만보'로 만들고 싶었다. 일본 술이 맥주 등 거품술에 밀려나고 있다. 이참에 일본 술로 한번 띄워보자, 하는 생각이 떠올랐다.

동경에서 돌아와 나는 미스호기쿠에 가서 나의 생각을 말했다. 물론 즉석에서 오케이.

이후 '일조만보'는 보통과 혼합주의 두 형태가 되었다. 혼합주는 뒷맛이 산뜻하여 마시기 쉽다. 여성에게도 큰 인기가 있다.

해마다 나는 오리농가와 미스호기쿠 양조장의 공동 주최로 '일조만보 시음회'를 해왔다. 올해가 아홉 번째. 시음회라고 하지만 2~3잔 조금 마셔보는 정도가 아니다. 공장의 앞마당에서 큰 잔치, 안주는 주부들이 직접 만든 것, 오리 요리도 있다. 올해는 150명이 모인 큰 잔치가 되었다.

술은 인생의 윤활유라지만 정말 그렇다. 참가한 사람들은 내가 늘상 유기농업, 환경문제 등 모임에서 만나는 사람은 적다. 거의 '새 술'이 인연이 되어 처음 만나는 사람들뿐이다. 모두 즉시 마음이 통하여 친구들이 된다. 술을 통하여 사람과 사람이 만난다. 이것도 즐겁다. 생명의 어울림이다.

보리 이삭에 신록의 바람
제비가 나네

오리 친구의 새로운 도전

바짝 마르고 희게 된 대지를 돌파하듯이 벼가 일제히 싹트기 시작하였다. 5월에 맑은 날씨가 이어져 씨뿌림에서 싹 트기까지 열흘 이상 걸렸다. 둘레의 논은 몇 번이고 갈아 엎어져 깨끗하게 되어 물을 기다리고 있다. 그런 상태 가운데 우리 직파한 논만 파란 싹이 가지런히 나오고 있다. 볼수록 행복한 광경이다.

나는 2년 전부터 마른 논 직파와 오리 농사의 결합에 도전하고 있다.

이른바 오리농사에서는 물을 댄 논에 벼 모를 심는다. 그리고 약 10일 내지 14일 뒤에 햇오리를 논에 넣는다. 이것은 모내기를 전제로 한 기술이고, 나는 18년 가까이 창의, 연구를 계속 해왔다.

한편 직파+오리농사에서는 마른 논 상태의 논에 직접 볍씨를 뿌린다. 씨를 뿌리고 20일 내지 30일이 지난 뒤, 모가 어느 정도 자라면 마른 논에 물을 대고, 동시에 햇오리를 푼다.

이것은 마른 논 상태와 담수 상태(논에 물을 깊이 넣은 상태)를 역동적으로 결합시키는 방식이고, 종전의 오리농사와 완전히 기술체계가 다르다.

이 방식은 씨 뿌림, 모판 만들기, 써레질, 모내기를 모두 생략할 수 있어 매우 노동력이 절약된다.

문제점은, 볍씨를 뿌리고 나서 마른 논 상태를 만드는 한 달 동안에 잡풀이 생기고 물을 대고 오리를 넣어도 때를 놓칠 가능성이 있다는 것이다. 그 대책으로 나는 마른 논 상태의 논을 가능한 건조시켰다. 건조시키면 잡풀의 발생은 늦게 된다. 잡풀이 나온다 해도 그것은 밭의 잡풀이고, 물을 대면 모두 사그라져 죽어버린다.

문제는 피다. 피는 물을 대도 죽지 않는다. 피는 일반적으로 논에 물을 대면 크게 발생한다. 마른 논에서는 발생률이 적다.

논을 건조시키기 위하여 나는 두 가지를 하고 있다. 논을 3~5cm쯤 얇게 간다. 깊이 갈면 비가 왔을 때 흙이 많은 물을 머금어 쉽게 건조하지 않는다. 얕게 갈면 마르기 쉽다. 그 다음에 3m 간격으로 깊이 약 45cm, 폭 1cm로 트랙터에 붙인 두더지쟁기(서브소일러)로 군데군데 째면 된다.

이렇게 하면 1,800평의 직파논은 잘 마르고, 씨를 뿌린 뒤 지금까지 난 잡풀은 매우 적다.
가까운 시일에 오리를 이 논에 넣으려고 한다.

오디 열매가 익어가는 날
아내와 함께 밀을 베다

오리 친구 대성공

 오랜만에 비가 내렸다. 강수량 1mm쯤. 그래도 산의 집수면적이 넓어서인지 이제까지 취수가 제한되었던 용수로의 물을 자유롭게 논에 댈 수 있게 되었다. 오리 친구들도 엄청 기쁜가보다.
 내 새로운 도전, 마른 논 직파+오리농사는 이럭저럭 성공한 것 같다.
 6월23일에 논에 물을 넣고 동시에 오리 친구를 넣었다. 영어로 힘차게 물을 내뿜는 것을 flush, 오리를 넣는 것을 release라고 부른다. 이 방식을 flush&release(FR) 방식이라 부르기로 했다.
 보송보송하게 마른 논에 물을 넣는다. 물은 천천히 대지를 적시며 논을 채운다. 물의 영역은 오리 친구의 활동영역. 오리 친구도 물과 함께 행동 영역을 넓혀나간다. 이것은 종전의 모내기 방식 오리 농법에서는 볼 수 없다. 즐겁고 극적인 광경이다.

논의 상태가 보송보송한 건답상태에서 연못 같은 담수상태로 단시간 안에 바뀌고, 오리의 왕국이 이루어지기 때문이다.

 갑자기 퍼져가는 큰물로 안주할 땅을 쫓겨나 우왕좌왕 도망 다니는 벌레들. 물에 떠밀려가는 풀씨…. 논은 오리 친구가 마음대로 돌아다니며 먹을 수 있는 뷔페식 레스토랑으로 바뀐다. 덥석덥석… 오리 친구는 엄청 바쁘다.

 이때 이후 논에 자라는 풀은 전혀 문제가 되지 않는다. 종전의 모내기 방식 오리농법으로는 모낸 뒤(논에 물을 넣은 뒤) 10일 내지 14일째 되는 날, 오리를 논에 넣는다. 이 때 이미 논의 잡풀은 싹이 트기 시작한다. 그러나 FR 방식으로는 잡풀은 싹이 틀 여지가 없다.

 그런데 올해는 우리 지역에 일찍이 없던 큰 장마와 가뭄, 논에 댈 물이 부족하고, FR 뒤도 물이 부족하여 논에 물이 차지 않아

논바닥이 드러나는 일이 자주 있었다. 물을 가둔 뒤의 논은 물과 오리가 잡풀의 발생을 억제한다. 논바닥이 드러나면 피가 많이 나지 않을까, 나는 걱정이 되어 견딜 수 없었다. 그러나 관찰해 본 바, 새 피는 전혀 발생하지 않았다. 논바닥이 드러났을 때도 오리 친구가 물갈퀴로 철버덕철버덕 흙을 밟아 굳혔다. 그래서 피가 나지 않은 것 같다. 맨발로 논에 들어서면 직파한 곳은 표층부가 단단하다. 한편 종전 오리논의 흙은 해면같이 푸석푸석하다. 써레질을 하지 않기 때문에 마른 논 직파 방식 흙의 상태는 종전의 흙 상태와 다르다. 가뭄이 나에게 이것을 알게 해 주었다.

　마른 논 직파+오리농법은 일손을 크게 덜어준다. 논농사를 지을 때 가장 품이 많이 드는 씨뿌림, 모의 관리, 써레질, 모내기 이 모두를 생략할 수 있다. 아마도 노동력이 5분의 1에서 4분의 1밖에 안 들 것이다.

'아버지, 이렇게 농사를 지으면 얼마든지 넓은 논도 지을 수 있겠네.' 우리 집 아이 류타로(陸太郎)의 감상이다.

'잡풀(잣소)'보다 '발상(핫소)'. 창의와 연구가 재미있다.

오리를 논에 풀고 자신이 솟구친다.
바람 부는 가운데.

어려운 때가 기회입니다

논두렁에 담홍색의 작은 꽃이 나사 모양으로 피고 있다. 나사꽃이 필 무렵이면 나는 2002년 여름이 떠오른다.

'논에 오리가 많이 죽었어요!' 아침 산책을 나온 사람이 전화를 걸었다. 논 가운데 100마리 가까운 오리의 주검이 흩어져 있었다. 십 년 만에 당하는 외적의 피해였다. 최근 십 년 동안 전기 울타리 덕택으로 외적의 피해는 전무했다. 관계는 균형, 안정이었다. 그런 균형 관계가 십 년 만에 깨진 것이다.

마침 이 때, NHK의 〈인간 다큐멘터리〉 촬영을 하러 동경에서 피디와 카메라맨이 우리 집에 와 있었다.

나는 1988년~1990년까지 3년 동안 들개와 인정사정 볼 것 없는 싸움을 했던 것을 회상하였다. 그 무렵은 날마다 들개가 오리를 습격하여 나는 이를 갈고 있었다. 1990년에 전기울타리를 생각해내 들개와의 전쟁에 마침표를 찍었다.

나는 이것으로 NHK의 인간다큐멘터리도 끝났구나 싶었다. 그동안 3일 연속하여 오리가 습격받았기 때문이다.

나는 온 정신을 가다듬어 냉정하게 논을 살펴보았다. 외적의 발자취와 오리의 상처는 뜻밖에 작았다. 외적은 몸이 작은 너구리라는 것이 판명되었다.

그래서 나는 전기울타리의 전깃줄 사이 간격을 좁게 하였다. 나는 F(furuno) 방식이라고 이름을 지어, 논을 그물로 둘러치지 않고 전기울타리의 줄만으로 둘러쳤다. 그래도 외적은 오리를 계속 습격하였다.

나는 기가 죽었다. 생각하는 방식은 하나뿐이었다. 6,600평 논의 전기울타리 안쪽에 그물을 치는 것. 이것은 엄청 품이 드는 일이었다. 또한 내가 창의, 연구한 끝에 도달한 F방식을 단념하는 것이었다.

오리 친구, 세계를 날다

나는 다시 논에서 조용히 생각했다. 전기울타리의 간격을 좁혔으니까 외적은 논에 들어올 때 반드시 전깃줄에 닿았을 것이다. 그래도 외적이 침입한 것은 전기울타리의 자극과 자극 사이의 1초 동안에 순식간에 침입하였을 것이다.

예전에 나는 전기울타리의 전깃줄에 머리를 스쳤던 일이 있다. 한 순간 머리가 멍하여 풀썩 주저앉고 말았다. 외적이 제대로 전기 충격을 받았으면 논에 침입할 수 없었을 것이다. 이것은 내 체험에서 오는 확신이다.

그렇다면 문제는 전기울타리 공간의 틈이 아니라, 자극과 자극 시간 사이의 틈이다. 그래서 나는 자극의 간격을 1초에서 0.5초로 짧게 해달라고 메이카에게 부탁했다.

이 0.5초의 아이디어 이후 외적의 침입은 딱 멈추었다.

인간 다큐멘터리의 촬영도 무사히 끝났다. 이제 생각해보면 저 외적의 침입은 인간 다큐멘터리의 드라마를 만들기 위해 때 맞추어 등장하였던 것 같다.

나에게 0.5초의 아이디어를 남긴 채, 외적은 사라지고 다시 침입하지 않는다. 오리농법에 나는 다시 매달린다.

흙탕논에도 푸른 하늘은 비치네,
장마 사이 갠 하늘 아래

술은 차고, 토마토는 노지가 좋다

곧 장맛비도 멎으리라. 우리 집 12,000평의 논에는 오리 친구가 유유히 헤엄치고 있다.

여름밭도 풍성하다. 토마토, 가지, 피망, 오쿠라(아욱과의 일년초, 깍지를 수프에 쓰고 씨는 커피 대용 _옮긴이), 오이, 강낭콩, 호박, 수박, 메론, 옥수수, 당근, 우엉… 여름 채소가 쑥쑥 자란다. 잡풀도 쑥쑥 자란다.

올해는 5~6월에 비가 적게 와서 토마토가 잘 자랐다. 빨간 토마토는 여름 밭의 영웅. 내가 28년 동안 계속 짓는 유기농업에서는 여름 채소 가운데 토마토가 가장 짓기 어렵다. 그러니까 토마토가 잘 되면 나는 기쁘다.

토마토는 매우 사치스럽고 섬세한 채소다. 사람이 지주를 세워주고 끈으로 묶지 않으면 자립할 수 없다. 그리고 언제나 제 마음대로 곁눈이 나온다. 집어주지 않으면 너무 무성하여 병에 걸리고 열매도 튼실하지 않다. 요컨대 언제나 인간의 돌봄이 필요하다.

이렇게 쓰면 '사람이 제 멋대로 나를 품종개량 해놓고 무슨 말이냐' 라고 토마토 친구가 얼굴을 붉히면서 화를 낼지 모른다.

토마토는 남아메리카의 안데스 고지가 원산으로 원래 서늘하고 건조한 기후에 맞는다. 그러니까 일본의 장마철 비에 약하다. 곧 병이 걸린다. 내가 아는 만큼은, 일본에서 유기농업을 하려는 사람들의 태반이 토마토에 관한한 비닐하우스에서 비를 안 맞히고 재배를 하고 있다. 그러나 나는 28년 동안 토마토는 노지재배라고 마음을 굳히고 완고하게 이 원칙을 굽히지 않고 있다.

거기에는 몇 가지 이유가 있다.

확실히 토마토의 노지 재배는 우리 지역에서는 어렵지만, 태풍이 불어오지 않는 한, 직거래하는 소비자에게 배달하는 양이 배나 더 많다.

또 하우스에서 비를 안 맞히는 재배를 하면 안정 다수확을 바라볼 수 있다. 그러나 하우스의 토마토는 껍질이 얇고 단맛만이 강조되는 것 같다. 한편 노지재배 토마토는 강렬한 태양에 드러나고 비를 맞고 바람에 쏘이면서 단 맛, 신 맛이 잘 조화를 이루어 맛이 있다고 생각한다. 이것은 나의 혼자 생각인지 모르겠다.

 이렇게 나는 28년 동안 시행착오를 거치면서 토마토 농사를 짓고 있다. 우선, 주의할 것은 품종이다. 당연한 말이지만 기술로 품종을 초월할 수는 없다. 나는 근처의 U원예점의 U사장에게 '선광(禪光)' 품종을 소개받은 뒤 토마토 농사가 즐겁게 되었다. 선광은 노지용 품종으로 비가 아무리 와도 열매 껍질이 갈라지지 않는다. 풋마름병에도 강하다.'

 다음에는 높이 50cm의 높은 이랑에 1m 간격으로 드물게 심는다. 그리고 두더지쟁기로 갈아 밭의 배수를 좋게 한다. 두더지쟁기는 밭에 깊이 45cm, 폭 1cm 간격으로 짼다. 그러면 아무리 비가 와도 그 다음 날 밭에 들어갈 수 있을 만큼 밭 표면이 건조하다. 요컨대 나는 품종과 생육환경을 좋게 하여 장마철을 넘기는 것이다.

아침 맨 먼저 밭에 가 완숙한 빨간 토마토를 딴다. 그것을 먹으면서 옆 논에서 즐겁게 헤엄치는 오리를 바라본다.

가장 행복한 순간이다.

**오리를 논에 다 넣자
장맛비가 그친다**

논 고기를 잡던 그리운 시절

 상류에서 나는 고기를 몬다. 바닥에 그림자를 비추면서 물고기는 점점 하류로 도망간다. 하류에서는 여동생이 광주리를 꼿꼿이 세워 물길을 막고 있다. 물고기가 광주리에 들어가자마자 잽싸게 수평으로 물 위로 건져 올린다. 한여름 번쩍이는 빛 가운데 붕어나 새우, 메기가 펄쩍펄쩍 뛴다.
 1950년대 여름이 되면 어머니는 마을 신사 앞을 흐르는 물길에서 빨래를 하였다. 나와 여동생은 물고기를 잡았다. 당시의 물길은 지금같이 콘크리트가 아니라 진흙 가운데 흐르는 것이었다. 신사 앞에는 바닥에 모래를 폈다.
 당시는 논 가운데도 물고기가 있었다.
 모내기가 끝난 뒤 큰 비가 내리면 배에 알을 가득 채운 커다란 메기나 붕어가 산란을 하려 물길에서 논 가운데 들어왔다. 손바닥만한 물고기를 그물로 잡을 때는 가슴이 뛰었다.

잡은 물고기를 집에 가지고 돌아오면 할머니가 부엌칼로 토막 내어 매운탕을 끓여 주셨다.

잠시 있으면 치어가 논에서 태어난다. 나는 논의 물꼬에서 붕어나 메기의 치어를 잡았다. 시일이 지나면 논의 치어는 물길로 돌아간다. 나는 물길 둑의 풀 아래 거품이 보글보글 나오는 곳을 광주리로 훑었다.

미꾸리는 물 빠짐이 나쁜 논에 살았다. 집 둘레 수채에도 많이 있었다. 이 수채가 물길로 흐르는 곳에는 된장찌개 부스러기나 밥풀을 먹으러 붕어나 피라미의 치어가 떼를 지어 몰려 있었다.

1950년대에는 물고기가 우글우글하였다. 1950년대의 논과 현대의 논은 생물이 전혀 다르다.

현대의 보통 논 가운데는 올챙이, 우렁이, 고추잠자리, 잠자리 유충, 물새우 정도밖에 없다. 너무나 단순하다.

한편 1950년대 논에는 여러 가지 물고기-물장군, 소금쟁이, 새우, 거머리, 참개구리… 잠자리도 고추잠자리만 아니라 실잠자리, 가는실잠자리, 갈구리측범잠자리, 왕잠자리, 밀잠자리, 검은물잠자리, 물잠자리 등 다양한 잠자리들이 있었다.

1950년대 이후 시대의 흐름 가운데서 현대 논의 생물을 파악하는 것이 중요하다고 생각한다. 논의 물고기로 보는 한, 단순하게 '논은 환경을 지킨다'고는 말할 수 없다.

논에 물고기가 없어지게 된 원인은 복합적이다. 농약과 제초제 이전에 많은 물고기가 죽었다.

그러나 결정적 원인은 논의 경지정리로 연못과 툼벙이 메워지고, 물길이 3면 콘크리트로 만들어진데 있다. 3면 콘크리트의 용수로, 배수로, 물길은 논과 배수로의 높이 차가 져서 물고기는 논으로 들어갈 수 없다. 3면 콘크리트에는 고기가 몸을 감출 장소도 없다. 큰비가 내릴 때에는 용수로, 배수로의 문이 닫힌다. 물고기는 논에 알을 낳고 싶지만, 논에 들어갈 수가 없다.

그러면 구체적으로 어떻게 하면 좋은가.

나는 오리논에 미꾸리 치어를 방류하고 있다. 나의 물고기 재생 프로젝트다. 여기에 대해서는 뒷날 다시 쓰고자 한다.

독자 여러분, 논에 물고기가 살았던 때를 기억해 보세요. 모르는 분은 상상해 보세요. 논이나 물길에 물고기가 살고 어린이들이 물고기를 잡습니다. 먹을거리 교육이다, 환경이다 하면서 인공 정보를 부자연스럽게 아이들에게 줄 필요가 없습니다. 논에 물고기가 뛰노는 풍경을 재생하면 됩니다. 이것이 아마 아파트 세대의 의무일 것입니다.

비가 그치고 무지개 걸린 논,
매미소리 들리네

자극 효과 생명의 어울림

 여름도 한 물 갔지만, 더운 날이 계속 되고 있다.
 우리 집 조생종 '유메츠큐시'가 패기 시작한다. 우선, 녹색의 벼잎 가운데 황록색의 이삭이 팔딱팔딱 나온다. 며칠 지나면 온 논에 이삭이 솟을 것이다. 이삭은 부풀고 살찐다. 아무 것도 들어있지 않던 연둣빛의 쌀겨 속에 우유 모양 내용물이 꽉 차기 때문이다.
 나는 벼가 팰 무렵, 논을 바라보기를 매우 좋아한다. 우리 집 오리논의 벼는 굵은 줄기에 커다란 이삭이 넘실넘실 달리고, 잎은 하늘을 향하여 뻗치고 있다. 주변의 관행논 벼를 압도하듯 장쾌한 스타일이다.
 왜 이렇게 씩씩한 모습이 될까. 그것은 오리 친구가 언제나 벼에 자극을 주기 때문이다. 오리 친구는 벼의 아래쪽 포기 부분을 주둥이로 쪼고 잎도 쫀다. 동시에 주둥이나 발로 진흙 속 벼 뿌리에 자극을 준다. 오리는 벼의 지상부와 지하부를 늘 접촉하면서 자극을 준다. 자극을 주면 벼 속에 에칠렌이라는 식물 호르몬이 생긴다. 그 결과 벼는 씩씩하고 장쾌한 '오리 스타일'이 된다.

자극 효과는 재밌다. 벼의 바깥쪽에서 비료나 농약 등 '물질'을 주는 게 아니라, 자극=에너지를 줌으로써 벼의 모습이 달라진다.

동물(오리)을 식물(벼)이라는 완전히 이질적인 것과 결합시킬 때 일어나는 현상이다. 기계나 화학물질 등 근대화 농업에는 없는 기술 항목이다. 특히 자극 효과야말로 '생명의 어울림'이다.

예전 JICA(일본해외봉사단)의 연수로 우리 집에 왔던 아시아 사람들에게 자극 효과에 대하여 설명하였다. 그들이 제대로 이해하였는지 못하였는지 그것은 모르겠다. 그들은 이것을 '마사지 효과'라고 표현하였다. 접촉한다, 단단하게 된다, 그리고 열린다… 자극 효과는 확실히 자극적이다.

벼 이삭을 보고 있노라면, 나는 깊은 안도감을 느낀다. 실제는 9월 말의 수확기까지 태풍 등 불확정 요인은 여러 가지 있다.

그러나 벼 이삭을 보노라면 가을의 풍작이 확실히 약속되는 것 같다.

벼 이삭이 나오면 오리 친구는 퇴장. 논이 쓸쓸하게 된다.

오리가 떠난 논 위를 나는 고추잠자리

오리 친구, 실크로드를 날다

9월. 빨간 석산꽃이 논둑에 피고 벼는 나날이 황금빛으로 익어 간다.

여러 겹 인연이 겹쳐 지난 달 15일부터 30일까지 나와 집사람은 중국 신강성 위글 자치구, 광동성, 강소성을 방문할 기회를 가졌다.

신강에 우리를 초대해준 분은 신강의 수도 우르무치에 있는 환경보호 과학연구소 여성소장 완친(萬勤)씨.

8월 15일 저녁 무렵 우르무치 공항에 도착하였다.

예외 없이 많은 사람이 마중을 나왔다. 그러나 우리를 맞이해 줄 사람은 없었다. 당황하여 공중전화를 찾았지만 없었다. 정신을 가다듬어 잘 보니 카운터 한쪽에 '공용전화'라고 쓰인 것이 한 대 있고, 어린 소년이 전화기를 지키고 있었다. 그에게 전화를 부탁하였다. 30분 늦게 완친 씨가 마중을 나왔다. 나중에 안 사실이지만, 상하이에서 비행기가 예정보다 30분 이상 빨리 우르무치에 도착하였던 것이다. 이 해프닝이 스케줄 없는 서역의 여행을 암시해 주었다.

'뚜르판의 포도밭'

여기는 인구 24만 명의 사막 가운데 있는 오아시스. 일년 강수량은 14밀리미터. 매우 적다. 이 건조가 포도의 맛을 낸다. 뚜르판은 포도의 명산지. 2만 헥타나 되는 포도밭이 있다. 우리들은 포도 골짜기를 방문하였다. 이 곳은 골짜기를 따라 끝없이 푸른 포도밭이 이어져 있었다. 우리들은 한 농가를 방문하였다. 그들은 모두 쾌활한 위글 사람 같은 농민으로 나는 허물없이 여러 가지 이야기를 하였다.

이 곳은 확실히 포도밭이 넓다. 그렇지만 한 집 앞 면적은 작아, 360평에 불과하다. 1년 수입은 15만 엔쯤이라고 한다.

'사치만 하지 않으면 가족 네 사람 먹고 지낼 만해요.' 햇빛에 그슬린 얼굴에 웃음을 띄우면서 농민 우(五)씨는 말했다.

'이리(伊犁)'

카자흐스탄의 국경인 이리까지 700km. 흔히 말하는 천산북로를 차로 달렸다. 우르무치 근교에는 면화, 옥수수, 가공용 토마토의 광대한 밭이 펼쳐져 있다. 잠시 달리자 왼쪽에 천산산맥, 오른쪽에 사막과 초원이 펼쳐지는 풍경이 연이어 계속 되었다. 도로와 전신주 이외 인공물은 눈을 씻고 봐도 없었다. 천산산맥의 만년설을 바라보노라면, 마음이 광대한 자연 속에 넓어지고, 여행의 목적조차 잊게 되었다.

여기서는 모든 것을 물이 지배하고 있었다. 물이 있는 곳에는 풀이 있고, 양이 방목되고 풀을 찾아다니는 생활이 있었다. 아마도 이 생활양식은 몇 천 년 동안 변함이 없었으리라고 생각한다.

그런 풍경만 바라보면서 저녁 무렵 가까스로 목적지 이리의 신강 생산건설공단 농4사(師)66단(團)에 도착하였다. 생산건설공단은 평시는 농업 개척, 유사시에 군인이 된다. 현재는 인구 1,600 명의 거리가 되었다. 여성도 어린이도 있어 보기로는 중국의 보통 마을과 전혀 다르지 않다.

이곳 농지면적은 1,380만평. 논 540만평. 올해는 45,000평에 오리 농사를 짓는다고 한다. 그 시험포를 보았다.

설명을 들으면 5월 중순에 모내기, 5월 봄에 45일 나이의 햇오리를 300평당 30마리 넣는다고 한다. 흥미 있는 것은 제초제나 농약을 사용한 보통 논에는 잡풀인 피가 드문드문 있었으나 오리논에는 피가 전혀 안 보였다.

벼에 약간 무늬가 있어 물었다. '실은 오리가 균일하게 일하지 않아 사람들이 논에 들어가 오리를 몰았어요.' 정직하게 대답하였다. 아마도 논에 넣은 햇오리가 너무 컸기 때문일 것이다.

이 변경의 땅에서, 천산산맥으로부터 도도하게 흐르는 물을 사용하여 오리 농사를 시작하고 있었다.

'타클라마칸 사막을 넘어'

이리에서 다음 목적지 '아커수(阿克蘇)'까지 천산산맥을 넘어가면 비교적 가깝다. 그러나 전날 내린 비로 천산을 넘는 길이 무너져 지프도 갈 수 없었다. 할 수 없이 우리들은 하루 걸려 우르무치까지 되돌아왔다.

다음 날 아침 7시. 아커수로 향했다. 1,200km의 여행이다. 길은 천산산맥 타클라마칸 사막 한 가운데를 달리고 달렸다. 이 사막은 중국 최대, 세계 제2위의 대사막으로 모래와 풀과 관목이 땅 끝까지 계속 되고 있었다. 조금이라도 물이 있는 곳에는 붉은 자줏빛이 나는 선명한 홍양(紅楊)꽃이 피어 있었다. 군데군데 사막의 호양(胡陽)이라는 버드나무 군락이 보였다. 이 나무는 천 년 동안 산다고 한다.

밤이 되자, 사막의 칠흑 어둠 가운데 이따금 하늘이 밝은 곳이 나타난다. 유전이다. 석유가 타고 있었다.

결국 우리들은 아침 7시 우르무치를 출발하여 오전 2시 30분에 아커수에 도착하였다. 신강생산건설병단 농1사16단은 아커수에 새로 개척한 산마루에 있다. 이 곳의 논은 360만평. 사막을 4년 전에 개간한 논으로 오리농사 시험을 하고 있었다. 흰 오리가 직파한 논에 갈대로 둘러싼 곳에 헤엄치고 있었다. 이곳에도 천산의 혜택으로 벼농사를 짓고 있었다.

나는 네 시간 오리농사 강연을 했다. 모두 열심히 듣고 여러 가지 질문이 나왔다. 아무리 자연환경이 뛰어난 곳에도 논에는 벼의 잡초나 해충이 모두 있는 것 같았다.

이번 여행으로 우리들은 상하이까지 항공권만 사서 출발하였다. 완친 소장이 정확한 스케줄 표를 출발 전까지 보내주지 않았기 때문이다. 타클라마칸 사막을 넘으면서 그 이유를 알 수 있었다. 원래 사막 여행은 스케줄 같은 것을 세울 수 없다. 모래에 차바퀴가 묻히거나, 갑자기 다리가 없는, 물살이 센 내를 만나기 때문이다. 오직 목적지만을 향하여 달릴 뿐, 무언가 우리 인생과 닮은 점이 있다.

오리에 이끌려 넘었던 대사막

달빛 아래 **가족이 일하다**

마치 풍년을 축하하듯 빨간 석산꽃이 피어 있다. 조생 벼 수확을 시작했다. 조생종 벼의 수확은 석산꽃과 함께 시작하고, 만생종 벼는 금계꽃 향기와 함께 시작한다.

지지난 해는 집중호우, 지난해는 여러 번 불어 닥친 태풍. 2년 연속 흉작이었다. 올해는 평온한 가을 날씨가 계속 된다. 조생종도 만생종도 벼는 잘 익어 올해는 모처럼 풍년이 들 것 같다.

마른 논 직파+오리농법의 벼도 커다란 이삭이 고개를 숙이고 있다. 논 한 복판에 서서, 황금색 이삭이 가을바람에 이리저리 흔들리는 광경을 보면 즐겁고 마음이 차분해진다. 올 가을, 3년째 계속하는 '나의 도전'에 결론이 나온다.

일요일에 나와 집사람과 대학생 맏이, 중학생 셋째 딸 넷이서 조생종 벼를 베었다. 우리 집 세모꼴 논에는 두 변이 물길에 닿아 있다. 용수로에는 만생종 벼에 대려고 물이 가득 흐르고 있다. 그 물이 U자 물꼬에서 조금 넘쳐 세모꼴 논 파인 곳에 흘러들어 물길 쪽은 질퍽거린다. 그 부분은 콤바인으로 벼를 벨 수가 없다. 할 수 없이 아내는 마른 부분만 콤바인으로 수확하게 하고 나와 아이들은 물이 질척이는 곳의 벼를 손으로 베었다.

질척거리는 진흙에 발이 빠진다. 이 작업은 쉽지 않았다. 일하는 도중 비가 후두둑 내려 모든 작업을 끝마쳤을 때는 하루해가 다 갔다.

물길에서 침수를 막으려면 수량을 적게 하면 된다. 그러나 그렇게 하면 아래쪽 논에 물이 가지 않는다. 세모꼴 논은 용수로의 기본 줄기에 가장 가까운 위치에 있기 때문이다.

도중에 비가 내렸을 때, 왜 우리 집만 이런 고생을 사서 하나 조금 화가 났다.

그러나 그 비도 곧 멈추고 낫질도 끝마쳤을 때 산 위가 갑자기 밝게 되었다.

중추의 달이 밤하늘 가운데서 비추고 있었다.

우리들은 달빛 아래 낫으로 벤 벼를 모아 콤바인에 떨었다. 나는 달빛 아래 가족이 함께 일하는 행복을 갑자기 느꼈다.

유기농업의 가장 좋은 점은, 가족들이 함께 일하는 것이라고 생각한다. 저녁으로 돈가스와 맥주가 최고였다.

부모와 아이들의 벼 베는 모습 비추는 가을 달

멸구 습격

평온한 가을 햇살을 받으며 벼가 아름답게 익어간다.

어느 날 갑자기 논 한 귀퉁이가 칙칙한 갈색이 된다. 날마다 그 구역이 넓어지고 일주일 지나면 꽤 넓은 면적의 벼가 갈색으로 말라간다. 벼농사 최대의 해충, 멸구의 피해. 그만큼 수확 감소다. 멸구는 4~5밀리의 작은 벌레로 빛깔은 다갈색, 모양은 매미와 비슷하다.

보통 6월 말~7월 초에 중국에서 바다를 건너 날아와 일본의 논에 내려앉아 산란, 증식, 세대교체를 되풀이한다. 10월 초에 벼 한 포기에 멸구 50마리 이상이 되면 포기 전체가 갈색으로 마르고, 벼가 그대로 폭삭 가라앉는다.

올해 내가 사는 주메이(壽命) 마을에 멸구의 피해가 심하다. 이쪽저쪽 수확을 앞둔 논이 갈색으로 말라죽고 있다. 많은 농가가 농약을 뿌리거나 수확을 서두르고 있다.

우리 12,000평 오리논은 지금까지 아름답다. '완벽'하지는 않다. 오리 친구가 병에 걸려 퇴장한 작은 논은 멸구로 주저앉았다. 즉 오리 친구가 확실하게 명암을 구분하고 있었다.

'후루노씨, 오리를 넣은 오리논만 무사하네요. 주변은 모두 멸구에게 당했어요.' 이런 전화를 여러 통 받았다.

실은 이렇게 큰 멸구 피해는 십수 년 만에 처음이다. 내가 오리 농사를 시작하였던 1990년경에는 멸구 습격으로 피해가 말로 할 수 없었다. 요 십수 년, 중국에서 멸구의 습격 자체가 적었다.

내가 오리 친구를 만나기 전 십 년 동안 완전 무농약으로 벼농사를 지을 때 3년에 한 번, 멸구 피해로 벼농사를 망쳤다.

오리 친구를 만나고 나서 우리 논은 멸구 피해가 없어졌다. 6월 초에 오리 친구를 논에 넣으면 오리 친구는 날아온 멸구를 닥치는 대로 먹어 산란을 시키지 않기 때문에 멸구의 밀도는 내려가고, 피해를 입지 않는다. 멸구가 날아올 때쯤 오리 친구는 근육이나 골격, 깃이 한창 발달할 때라 단백질이 필요해서 정신없이 멸구를 잡아먹는다.

멸구는 벼포기 10센티 쯤 되는 곳에 꼼짝 않고 달라붙어 벼의 즙을 빨고 있다. 날아다니는 파리도 물 위를 헤엄치면서 잡아먹는 운동능력을 갖는 오리 친구가 멸구를 잡아먹는 것은 식은 죽먹기, 아니 식은 죽이다.

오리 친구가 획기적인 것은 벼농사 2천년의 역사 가운데 악독한 깡패 같은 해충을 논의 자원(오리의 먹이)으로 자리매김한 것이다. 해충도 익충도 고정적인 것이 아니라, 기술에 따라 그 위치가 달라진다.

올해 가을, 왜 보통 논에 멸구가 크게 발생하였는가 그 이유는 이제껏 해명되지 않고 있다. 올해 멸구가 적게 날아온 이유는 중국에서 효과적으로 농약을 사용하였기 때문이라고 추측된다.

올해도 동네 신사에는 '낙중민생업(樂衆民生業 백성들과 더불어 생업을 즐긴다)'이라는 깃발이 가을 바람에 천천히 나부낀다.

오랜만에 멸구가 날아와 나는 여러 가지 생각을 했다.

거둔다는 목적을 잊어버리고,
논두렁에서 벼를 바라만 보네

마을 축제

내가 사는 주메이는 여덟 집이 사는 마을이다. 동쪽에 긴비라산(金毗羅山)이 있는데 꼭대기에 작은 사당이 있다.

10월 10일, 어른도 어린이도 모두 이 산에 올라 농사가 잘 된 덕담을 나누면서 술을 마시고, 음식을 먹었다.

정상 부근에는 한 그루 커다란 소나무를 빼고 키가 작은 풀만 있다. 봄에는 민들레, 가을에는 천진꽃이 핀다. 천진은 말려 위장약을 만들었다.

우리들은 마른 가지를 꺾어 4~5그루를 묶어 잎 위에 올라타고 가지 한 쪽을 두 손으로 높이 들어 풀 위에서 미끄럼을 탔다. 잡목림도 보기 좋았다.

산마루 지하에는 옛무덤이 있었다. 그래서인지 식목이나 대규모 벌채는 하지 않고 잡목림이 자유롭게 자라고 있었다.

엷은 자줏빛 으름덩굴 열매가 익어 갈라지면서, 하얀 과육을 보였다. 송이가 작은 산밤도 열매가 다닥다닥 열었다. 게이(掠)의 큰 나무는 축 늘어진 가지를 타고 올라가 검은 자줏빛 열매를 새같이 먹었다.

산마루에서 360도 사방을 전망하였다. 황금빛 논 가운데 시내가 천천히 흐르고 있었다. 축제를 마치면 어른들은 가을 햇빛을 받으면서 산을 달려서 내려왔다. 다음 날부터 온 마을에 일제히 벼 베기가 시작되었다.

내가 어렸을 적 얘기다.

올해도 10월 10일, 여덟 명의 동네 사람과 긴비라산의 청소와 산길의 풀을 베었다. 축제는 예전처럼 산마루에서 즐겁게 하지 않고, 산기슭 신사에서 행해졌다.

참가자는 여성뿐. 어린이나 남성은 없다. 남자들은 콤바인으로 벼를 베었다. 예전에 비하면 모내기가 빨라 10월10일 쯤은 만생종 벼 수확으로 가장 바쁜 때다.

진짜 이유는 다른 데 있다. 마을 사람들이 모두 고령화하고 풀을 벤 뒤 도시락과 술을 가지고 다시 산마루에 올라갈 기력과 체력이 없어진 것이다. 신사에서 축제를 올리게 되었다. 남자의 참가는 뚝 끊어졌다. 왜 그런지 모르겠다.

농수성과 정부는 2007년부터 12,000평 이상 규모의 농가에만 직불제 지원을 한다고 한다. 아마도 그와 맞바꾸어 WTO(세계무역기구)나 FTA(자유무역협정)로 수입농산물의 관세가 큰 폭으로 인하되고 값싼 쌀이 해외에서 들어오게 될 것이다.

우리 마을의 모든 농가는 규모가 작고 직불제 지원 대상이 아니다. 그러니까 쌀농사는 그만 둘 것이다. 당연히 긴비라산의 축제도 끝날 것이다. 일본 전국에서 벼농사와 결부된 축제가 사라져간다. 이래서 좋은가.

동네의 지속 가능성은?

나무가 자라 번성하고 나무에 가려 사방 전망을 할 수 없게 된 긴비라산의 꼭대기에서 나는 그렇게 생각하였다.

풍작을 빌면
때까치도 소리 높여 우짖는다

지구 온난화와 해충

9월 중순, 까맣게 빛나는 작은 딱정벌레가 무 잎에 달려들어 동그란 구멍을 내며 갉아먹고 있었다. 어느 사이에 알을 슬었는지, 들깨만한 크기의 작은 유충이 크게 발생하여 무 잎을 야금야금 갉아먹고 있었다. 하루하루 무 잎은 레이스 모양처럼 구멍이 숭숭 뚫리면서 말라죽고 있었다. 이 딱정벌레 이름은 좁은가슴잎벌레라고 한다. 요즘 이 해충의 피해가 눈에 띄게 많다.

9월, 10월 우리 지역에는 이상 기온이 높고 비가 거의 내리지 않았다. 오리 친구 덕택으로 결국 벼는 풍작, 그런데 오리 친구가 없는 밭의 채소에 해충이 크게 번졌다. 좁은가슴잎벌레, 도둑나방, 무잎벌레, 벼룩잎벌레… 도감에 실려 있는 모든 해충이 총 등장하였다.

그 가운데 특히 무나 배추에 장기적으로 심각한 피해를 계속 주는 최악의 해충이 몸 길이 겨우 4mm의 좁은가슴잎벌레다.

내가 완전 무농약 유기농업을 시작한 1980년 경, 이 벌레의 피해는 적었다. 당시에도 9월 초 곡식에 이 벌레가 조금 발생하었다. 그러나 10월, 11월 날씨가 서늘해지면 벌레의 활동은 둔해지고 어느 새 사라지고 없었다. 무는 유기농업으로 가장 짓기 쉬운 가을, 겨울 채소였다.

그러나 올해는 사정이 다르다. 10월이 되어도, 11월이 되어도, 12월이 되어도 이 벌레의 성충도, 애벌레도 매우 원기 왕성하다. 무나 배추 등 유채과 채소를 게걸스럽게 먹어치운다. 가을도 겨울도 따뜻하기 때문에 이 해충이 날뛰는 것이다.

'농작물에 병이나 해충이 발생하는 것은 흙이 잘못되었기 때문이다. 화학비료나 생 닭똥이나 생 풀을 흙 속에 넣기 때문이다. 완숙 퇴비를 쓰고 비르게 흙을 만들면 해충이니 병은 거의 생기지 않는다' 예전에 읽은 유기농업 책에는 그렇게 적혀 있었다. 이 법칙은 맞았다. 날계분 등을 사용하면 확실히 해충이나 병이 생기기 쉽다. 나는 줄곧 완숙 퇴비를 넣고, 좋은 흙 만들기를 계속하였다. 그러나 요즘에는 그래도 좁은가슴잎벌레가 발생한다. 흥미 있는 것은 엔가천의 둑에 자라고 있는 무비료(당연)의 유채과 식물에도 좁은가슴잎벌레가 생기고 있다. 즉 흙 만들기와 관계없이 이 벌레는 생기고 있다.

오리 친구, 세계를 날다

'지구 온난화'가 그 원인이다.

 사람들이 말하는 저농약으로 농약을 한 번이라도 사용하면, 이 해충은 간단히 죽는다지만, 완전 무농약 유기농업에서는 좁은가슴잎벌레는 상대하기 어려운 적수다.

 그러면 어떤 대책이 있나.

 발생량이 적을 때는 손으로 비벼 죽인다. 실제로 올해 우리는 묵묵히 그 일을 했다. 그러나 좁은가슴잎벌레는 자기 보신을 위하여 재미난 행동을 한다. 무 잎에 손을 대어 잎이 흔들리면 또로르 말려 잎 아랫부분 흙 속에 떨어져 보이지 않게 된다.

 전기 청소기로 잎벌레를 흡수시켜보았다. 무 잎 오밀조밀한 곳에 붙어 있는 이 벌레를 흡수시키기는 어려웠다. 반대로 청소기의 강풍으로 벌레가 날아가기도 했다. 이것도 조금 더 연구가 필요하다.

 현재 가장 안정된 방법은 여름에 논농사를 짓고 벼를 벤 뒤, 갈아엎어 배추나 무 씨를 뿌리는 논과 밭 돌려짓기다.

무잎벌레는 가을에 밭에서 유채과 채소를 먹어 해를 끼친다. 겨울, 봄, 여름은 밭 주변의 풀숲에 숨었다가 가을이 되면 다시 채소밭에 이동하여 채소를 해친다. 그 이동방법은 '비행'이 아니라 '보행'이다.

그러니까 주변에 채소밭이 없는 논과 벼 돌려짓기로 무나 배추농사를 지으면 그 피해를 막을 수 있다. 배추, 무 벌레는 벼에는 다가오지 않고, 먼 밭에서 '보행'으로는 이동하지 못한다. 논과 밭을 결합하여 논밭 돌려짓기를 하면 재미있다. '지구 온난화'로 해충들과 새로운 '생명의 접촉'이 필요하게 되었다.

> 붉은 감 가지에 가득 익어
> 쓸쓸해지는 마음

슬로우 피쉬

이태리의 푸른 바다에 11월의 태양이 찬란하다. <슬로우 피쉬 -지속 어업 제전>에 초대되어 나와 집사람과 장남은 이태리의 항구 도시 제노바에 날아갔다. 초대한 것은 슬로우 푸드 협회. 현재 세계에 7만 명의 회원이 있다.

왜 어업의 모임에 농부인 우리가 초대되었는가?
지난 해 10월, 이태리의 토리노에서 슬로우 푸드의 세계 대회가 슬로우 푸드 협회의 주최로 개최되어, 세계에서 5천 명이 참가하였다. 나는 거기서 오리농사의 사고방식을 발표하였다. 논에 벼와 오리와 물고기를 동시에 생산하는 통합기술이 마음에 들었는지, 올해 어업 제전에 초대받은 것이다.
이번에는 강연만 아니라 칸막이가 설치되어 오리농사의 패널 전시와 물품 판매도 부탁받았다. 나는 도대체 무엇을 판매해야 좋은지 생각이 안 났다. 슬로우 푸드의 작가 시나무라 나스(島村奈津)씨와 남편 미하일씨의 도움말로 '오리쌀 주먹밥' 판매를 하기로 했다.

30kg의 쌀, 전기밥솥, 포트, 김, 차, 종이컵... 우리들은 대량의 짐을 제노바까지 가져가야 했다.

'오리 친구가 벼의 잡초나 해충을 먹습니다. 그 똥을 물벼룩이 먹습니다. 오리나 미꾸리의 똥으로 벼가 자랍니다. 여러분은 주먹밥을 먹습니다.' 나와 장남은 서투른 영어로 전시 코너의 설명을 하면서 주먹밥을 팔았다.

이 축제에 세계 50개국에서 참가하여 3일간 참가한 사람은 5만 명. 이태리의 슬로우 푸드 대학에서 공부하는 일본인 학생 두 사람도 도와주었지만, 미처 주먹밥을 만들지 못할 만큼 불티나게 팔렸다.

이태리는 쌀의 생산국이지만, 주먹밥은 신기한지 김을 종이로 잘못 알고 버리는 사람, 밥과 따로 김만 먹는 사람도 많이 있어 하나하나 설명하기가 보통 일이 아니었다.

3일 동안 일본에서 가지고 간 쌀 30kg는 다 없어졌다. 이태리 사람들의 반응은 매우 좋았다. 모두 웃는 얼굴로 '그라체(고마워요)'라고 말해주었다.

'주먹밥 한 개에 2유로는 너무 비싸군요.' 사십 년 이상 제노바에서 살았다는 일본인 여성은 조금 불만스러워했다.

나는 아무 말 않고 주먹밥을 건네주었다.

'옛날 생각나네요. 이게 진짜 맛이에요. 이태리 쌀로는 이런 맛은 맛볼 수 없어요.' '하나 더 주세요.' 그녀는 주먹밥 맛을 통하여 고향이 생각나는 듯 했다.

회장에는 가족과 함께 온 사람도 많았다. 아이들은 미꾸리 물통을 들여다보며 신이 났다. 어른들은 열심히 설명서를 읽고 아이들에게 오리농법의 에코 시스템(순환)에 대하여 설명을 하는 것 같았다. 다 읽으면 모두 '굳 아이디어' 라든가 '인텔리젠트' 라고 나에게 말해주었다.

나는 이태리 사람의 이런 반응을 보고 이 나라의 슬로우 푸드는 단지 미식가 상대가 아니라, 환경도 포함한 라이프 스타일(생활 방식)을 묻는 운동이라고 생각하였다.

그 뒤, 우리들은 피에몬타주 베리치에현 리보루노의 벼농사 농가 피에로 씨 집을 안내받아 방문하였다. 피에로 씨는 30만평의 논에 유기농업으로 카나롤리라는 리조트용 고급 품종을 재배하고 있었다. 4월 상순에 논에 물을 대고 중순에 씨를 뿌린 다음, 하순에 3,000평에 잉어 20마리를 넣는다. 수량은 3,000평에 3톤. 농약이나 화학비료를 쓰는 보통 농사의 60% 쯤이다. 낮은 수량의 원인은 잡풀. '잡풀은 물을 깊이 대고 잉어가 먹게 한다. 그러고도 생기는 잡풀은 방법이 없지요.'라고 쾌활한 피에로 씨는 어두운 표정을 지었다.

나는 CD를 보여주면서 오리농법의 원리를 설명하였다. 특히 잡초 방제 방법이 피에로 씨의 마음에 들었던 모양이다.

나도 30만평의 벼농사가 어떤 것인지 조금 알 듯 하였다.

이태리의 논에 오리 친구가 헤엄을 치게 될까, 그것은 아직 알 수 없다.

주먹밥으로 생명들이 접촉하는
초겨울 이태리

겨울의 베트남 마을

새해 초, 나와 집사람은 베트남을 갔다.

내가 일본국제자원자센터로부터 베트남에 파견된 것은 1994년. 그 뒤 남북 1700km나 되는 이 나라 이곳저곳 마을에 초대되어 오리농법의 강연과 농민교류를 계속하였다. 1998년에는 하노이 농업대학에서 아시아 오리 심포지엄을 개최하였다.

아시아 오리농법의 보급에는 두 유형이 있다. 선진국형 일본, 한국, 대만, 최근의 중국. 이런 나라에서는 오리쌀이 제대로 평가되고 보통 쌀의 2~3배로 팔린다. 오리농법이 비교적 빨리 퍼져 간다.

개발도상국형. 베트남, 필리핀, 인도네시아. 이들 나라에서는 오리쌀이라고 특히 비싸게 팔리지 않는다. 그러나 오리 농사를 지으면 수확량이 늘고 화학비료, 농약, 제초제 등 상대적으로 높은 공업제품 비용이 절약되어 이익은 2~3배가 된다. 보급은 느리다. 아무래도 급속한 시장 경제의 높은 물결 속에 오리 친구가 매몰되는 것 같다.

이번에는 일본국제자원자센터 하노이의 이노 마이(伊能)씨와 협의하여 산간지의 자급 벼농사를 짓고 있는 마을에서 공부 모임을 열었다. 호아빈 성 탄라쿠 군 디크자오 마을은 하노이 서쪽에 있는 작은 마을. 이 마을에 지난 해 38세대가 오리농법을 시작하였다. '아침식사로 돼지 순대죽을 먹으러 갑시다' 하여 식당에 갔더니 환경실장인 훈씨나 인민위원회 부서기장 첸씨 등 마을의 유지급 인사들이 식탁에 둘러앉았다. 이 마을의 겨울은 코트를 입어도 춥다. 내가 앉자 자연히 소주를 따랐다. 건배, 건배, 건배.

강연할 것을 잊어버린 것은 아니다. 이런 경우 나는 순순히 그 마을 습관을 따른다. 나는 술에 약하지만, 그것이 예의고 농민교류로 알기 때문이다. 나는 몇 잔이나 연거푸 소주를 마시다가 취해버렸다.

강연회장 밖 풍경은 아름다웠다. 넓은 논 가운데 석회암의 바위산이 솟아 있었다. 이곳은 소수민족 무온 족의 성지, 마음의 고향이다. 나는 얼큰하게 취한 채 슬라이드를 보면서 오리농법 강연을 했다. 다음에 이 마을의 대표 닝씨가 실천 사례를 발표하였다. '수입이 늘었다, 논의 비료를 절약했다, 해충이 적었다, 벼 성장이 좋았다, 수량이 늘었다, 300평에 35마리의 오리를 키웠다. 그러나 조류 인플루엔자 때문에 안 팔렸어요.'

 점심을 먹으러 갔더니 또 건배…. 오후도 화끈거리는 얼굴로 흙 만들기 얘기를 하였다. 모두 열심히 강연을 듣고 슬라이드를 보고 여러 실천적 질문이 나왔다. 유쾌한 워크숍이었다.

 오후 네 시 쯤, 골짜기 길을 사륜구동차로 올라 남송 마을로 갔다. 비교적 평탄한 곳은 골짜기 시냇물을 이용하여 여러 모양의 작은 다랑논이 잇따라 있었다. 곳곳을 대나무 울타리로 둘러치고, 못자리를 만들고 있었다. 모내기는 2월, 논에는 이미 물을 가득 받았다. 모내기 전 다시 물소로 써레질을 한다는 것. 이곳에는 아직 많은 미꾸라지가 있다. 일본의 오랜 옛날 조엽수림의 골짜기 벼농사는 이런 풍경이었으리라 생각하면 예전을 그리워하게 된다.

그 날 밤은 부촌장 룽씨 집에서 잤다. 이 집은 무온족의 전통 건축이고 못 하나 쓰지 않는 높은 마루식. 마루 아래에는 닭과 돼지를 기르고 있다. 마당에는 바나나 밀감 등 과수를 심었다. 집의 기둥이나 벽 판자 구조는 일본의 신사와 똑같다. 집 가운데 1m×1m쯤의 화덕이 있고, 긴 장작이 중앙을 중심으로 햇살무늬로 놓이고 그 한가운데 불이 타면서 냄비에 밥을 짓고 있었다.

비디오로 우리 마을의 풍경을 보고 '멋진 숲이 남아 있군요.'라고 룽씨의 어머니가 말하셨다. 확실히 이 마을의 산은 나무를 모두 베어 풀밖에 없다. 현재 나무가 자라는 숲에는 무온족 사람들이 나무 베기를 금지하고 있다. 땔감으로는 마른 나무를 베는 것만 허가된다고 한다.

룽씨의 가족은 내외와 어머니, 아이 둘의 다섯 가족. 경지는 7,500평의 밭과 7,500평의 논과 약간의 산이다. 마을에 가는 길은 현재 포장 중이고 완성되면 지금과 달리 많은 차나 사람, 물건이 이 골짜기 마을에 들이닥친다고 한다. 이제부터 어떤 농사를 지으며 살아야 하나, 이것이 나에게 주어진 질문이다. 나는 그 답은 모른다. 그저 오리 농사와 논밭 돌려짓기를 통하여 쌀, 채소, 오리, 물고기를 총합적으로 만들어내고 풍부하게 자급해가는 것이 중요하게 생각된다고 말했다.

생각해보면 현재 일본의 작은 가정 농업의 사정은 그들과 완전히 같다. 일본의 경우, WTO에 의한 관세 인하라는 포장도로일 뿐이다.

귀국 후 얼마 안 있어 하노이에서 메일이 왔다. 데크자오 마을에서는 올해 60세대가 오리농법에 도전한다는 것이다. 여름에 이 마을에 논의 오리와 벼와 미꾸리를 내 눈으로 보고 싶다.

보리를 밟는 빛의 들판, 감사하면서

오리 친구,
오스트레일리아를 날다

퀸스랜드주(오스트레일리아 북동부)의 크리스탈 워터스는 연못이나 시내, 숲이 있는 아름다운 언덕이다. 1988년, 이곳에 세계에서 처음 퍼머컬쳐 마을이 만들어졌다.

총 면적 78만평. 광대한 토지에 약 85세대의 다양한 직업을 가진 사람들이 '영속적' '농적' 생활을 목표로 살고 있다.

바람이나 태양을 이용하여 열과 에너지의 자급을 힘쓰고, 구입 전력을 평균 50% 절약하였다고 한다. 유리나 금속도 이 마을에서 재활용하고 있다. 인간의 배설물도 자기들이 처리하는 것을 원칙으로 퇴비화장실을 만들어 활용하고 있다.

이 마을에서는 규약에 따라 농약이나 화학비료 사용이 금지되고 있다. 또 야생생물보호를 위하여 개나 고양이 기르는 깃도 금지되고 있다. 100 종류가 넘는 야생생물이 자라고 있고, 우리들은 숲 속의 작은 길에서 캥거루를 만났다. 박력 있는 점프를 계속 하면서 사라져가는 모습이 인상적이었다.

이 마을은 이상한 사람들의 집단같이 보일지 모르지만, 결코 그렇지 않다. 국제적인 상을 받은 사람도 있고 전 세계에서 연수생이 몰려온다. 이곳을 모델로 유럽이나 미국 등 세계 각지에서 자연과 조화를 이루는 생태마을이 만들어지고 있다. 놀랍게도 이때 수강생 40명의 태반이 20대의 여성이고 특히 일본의 직장여성도 20명 쯤 와 있는데, '일본에서 하는 일에 보람을 느낄 수 없다, 농업을 하고 싶어서 참가하였다'라고 말하였다. 시대의 조류를 암시하는 것 같이 보였다.

　지금 세계는 유기농산물 붐이다. 실업 면에서도 각광을 받고 있다. 그것도 좋은 일이지만 문제의 본질은 화학비료를 유기비료로, 화학농약을 천연농약으로 바꿀 뿐만 아니라, '단순하고' '영속적인' 생활양식을 어떻게 확립할 것인가에 있지 않을까.

　'다음 세대 또 다음 세대 사람들이 몇 십 년, 몇 백 년 동안 자연과 조화를 이루며 살아간다, 그런 영속적인 것을 이 손으로 만드는 일을 하는 것이 보람 있는 일이다.'라고 모리슨 씨는 말했다.

타일라감의 퍼머컬쳐협회의 농장 뒤에 1,200평 정도의 논을 만들고 있었다. 밥과 반찬을 함께 만드는 즐거운 오리벼농사를 시도한다는 것이다. 나도 퍼머컬쳐의 관점에서 나의 유기농업과 생활을 다시 보기 시작하고 있다.

**귀국하는 날을 기다리듯
보리밭에 자란 풀**

벚꽃 피는 계절에

 벚꽃 계절이 되었다. 비닐하우스 안에는 태양 빛으로 밝다. 그러나 바깥 경치는 의외로 잘 보이지 않는다. 바깥 세계와 차단된 별세계. 바람이 비닐을 진동시키면서 스쳐간다. 지금 하우스 속에는 여러 채소로 번화롭다. 토마토, 가지, 피망, 호박, 수박, 옥수수, 강낭콩, 고구마, 아스파라거스, 파, 오쿠라 여름 채소 모가 여러 가지 자라고 있다. 흙 상자에 산흙과 논흙과 왕겨 훈탄을 균일하게 섞은 것을 넣어 바닥을 고르고, 3cm 간격으로 골을 낸다. 그곳에 1.5cm 간격으로 토마토나 가지나 피망의 씨를 한 알씩 뿌린다. 흙으로 덮고 누른 뒤 온상 속에 넣는다. 온상은 헌 다다미 위에 전열선을 깔고 땅의 온도를 25도로 설정하였다. 가지는 9일, 토마토는 7일째에 싹이 튼다.

 나는 30년 가까이 벚꽃 피는 계절에 이런 일만 해왔다. 여러 해 농사를 지었건만 씨를 뿌리고 싹이 날 때까지는 불안과 즐거움이 엇갈리는 나날이 계속된다. 올해는 토마토, 가지, 피망 등 모두 순조롭고 균일하게 싹이 터 두 잎을 벌리고 있다. 그렇게 보통은 표현하지만, 자세히 들여다보면 모는 균일하지 않다. 쌍잎의 방향, 본잎이 나는 방식 등 어느 하나인들 같은 모가 없다. 인간의 얼굴이 한 사람 한 사람 모두 다르듯이 자연계는 진정한 뜻으로 다양성에 충만해 있다. 농업은 생산력을 올리기 위하여 인위적으로 가능한 한 이 다양성을 균일화하는 행위일 것이다.

그렇기는 해도 씨를 뿌리면 싹이 나서 자란다. 이것은 언제나 매우 신비한 느낌이 든다. 인간을 포함하여 자연계의 모든 생물을 살리고 있는 '커다란 생명'의 존재를 깊이 느낀다.

> 첫 벚꽃 토마토의 쌍잎 피는 날
> 두 손을 모은다

지은이 후루노 다카오(古野隆雄)는
1950년 일본 후쿠오카현 가호군에서 태어나 큐슈대학 농학부를 졸업하고 1978년부터 유기농업을 시작했다. 1988년 오리농사를 시작, 청동오리를 논에 넣어 짓는 오리농법이 아시아를 중심으로 온 세계에 퍼지고 있다. 2000년 스위스 슈와브 재단으로부터 "오리혁명(Duck Revolution)으로 세계에서 가장 뛰어난 사회혁신자(Social Entrepreneur)의 한 사람으로 뽑혔다. 주요 저서로는 「오리 만세」 「무한히 퍼지는 오리벼농사」 「The Power of Duck」 등이 있다.

옮긴이 홍순명은
1936년 강원도 횡성에서 태어났다. 중학시절 김교신, 함석헌, 노평구 같은 이들의 책을 통하여 깊은 영향을 받았다. 17세부터 교사 생활을 시작, 무교회 정신으로 풀무농업고등기술학교가 세워졌다는 소식을 듣고 군 제대 후 바로 합류해 1960년부터 교사와 '행정상'의 교장으로 재직하다가 2002년 정년을 맞아 퇴임하였다. 현재 2001년에 세워진 주민 풀뿌리 마을대학 풀무 생태농업 전공부의 강사. 「풀무학교 이야기」 「들풀들이 들려주는 위대한 평민 이야기 1,2,3」 등의 저서가 있다.

백성백작

농부는 백가지 일을 하고 백가지 작물을 기른다

1판 1쇄 펴낸날 2006년 7월 22일
1판 2쇄 펴낸날 2007년 12월 10일

지은이   후루노 다카오
옮긴이   홍순명
펴낸곳   그물코
펴낸이   장은성
인 쇄   대덕문화사
제 본   쌍용제책사
용 지   두송지업

출판등록일   2001.5.29(제10-2156호)
주소   (350-811)충남 홍성군 홍동면 운월리 368번지
전화   041-631-3914
팩스   041-631-3924
전자우편   network7@naver.com
인터넷 누리집   gmulko.cyworld.com

*이 책의 본문은 재생용지로 만들었습니다.
*책값은 뒷표지에 있습니다.
*잘못된 책은 사신 곳에서 바꿔 드립니다.